GRAMMAIRE

DE P. DE LA RAMEE,

Lecteur du ROY en
lVniuerſite de
PARIS,

A

LA ROYNE, MERE DV ROY.

A PARIS,

De l'imprimerie d'André Wechel.

1572.

LES vieus Gaufloys auoient tous Arts
    en leur langage,
Mais Dis, l'un de leurs Dieus (qui riche tient
    couuerts,
Sous les obscures nuits mille tresors diuers)
Aus chams Elysiens retint des Arts l'usage.
Il falloit doncq' auoir, pour la bas penetrer,
Les rappeler, les faire en l'air Gaullois rentrer,
Ce Rameau d'or, p eus redorăt tout nostre age.

I O D E L L E.

A
LA ROYNE,
MERE DV
ROY.

ADAME, si quel-
quun estime que
Grãmaire soit vne
chose puerile & ab-
iecte, & pourtant
que ce soit vng pre-
sent indigne destre præsente a v-
ne Royne si grande, & tant occu-
pee en si grãdes affaires, ie me def-
fendray de vostre authorite, que
cest par vostre suasion, que le Roy
ma commande de poursuiure le
cours des arts liberaulx non seule-

* ij

ment en Latin, pour les doctes de
toute nation, mais en Frãcois pour
la France, ou il y a vne infinite de
bons efpris capables de toutes fciẽ-
ces & difciplines, qui toutesfois en
font priues, pour la difficulte des
lãgues. Et a la verite il nous eft auiourdhuy plus difficile dapprẽdre
vne lãgue Grecque ou Latine, quil
ne feut oncques, ny a Platon, ny a
Ariftote dapprendre toute la Phi-
lofophie. Parquoy ie diray hardi-
ment en parlãt de la gloire de vos
Maieftes, que tel commandement
neft point moins digne dung bien
grãd Monarque, que damplifier fa
monarchie de grandes conqueftes
& dominatiõs. Car la Grammaire
eft non feulement la premiere entre les ars liberaulx, mais elle eft la
mere nourrice de tous, qui les

ourrit comme au berceau & leur
apréd a parler & declairer ce quils
auent : & sans elle seroyét muets
inutiles : & a ceste cause a este
magnifiee non seulement par les
nciens Philosophes, ains par les
rans Princes. A ce propos ialle-
ueray Marcus Varron, & Iulle
Cæsar, fort grás seigneurs, qui tou-
esfois ont estime a grád honneur
lescripre la Grammaire de leur lá-
ue:& ont iuge que ce nestoit petit
os de vertu de donner aux hómes
oix de bié parler. Ce mesme iugement a este de Messala Coruinus,
qui a escript des liures entiers de
chascune letre: Le mesme d Augu-
te, qui maintenoit que lescripture
debuoit respondre a la voix, & le
practiquoit ainsi : Le mesme de
Claudius Empereur quatriesme,

qui inuenta trois letres, & en mit
par son authorite lusaige en auant.
Mais quest il besoing de vous alle-
guer ces Romains? Nauons nous
point de Gaullois, nauons nous
point de Francoys, qui ayent este
les Varrons, les Cæsars, les Coruinus, les Augustes & Claudius de la
langue Gaulloyse ou Francoyse?
Certes la Grãmaire & toutes aultres disciplines liberalles estoyent
anciennement en langaige Gaulloys es escolles de nos Druides sans
en rien tenir ny des Grecs, ny des
Latins : & depuis estants sorties de
la Gaulle auec leurs Gaulloys sont
passees en la Grece, ou elles ont e-
ste fort cheries & honnorees, & de
la ont este inuitees en Italie, & en
toutes les parties du monde : comme nous auons demonstre au liure

e lancienne Gaulle. Que si nos
istoires ne font menteuses, Chil-
eric & Charlemaigne sattribue-
ont iustement ceste louãge. Chil-
eric, comme tesmoigne Gregoi-
e de Tours, en fut si curieux, que
oyant lõrthographe corrompue,
nit en auant (comme auoit faict
Claudius Empereur) trois characteres, & commanda par ses pa-
tentes quils fussent practiques par
tout son Royaulme. Charlemaigne a faict dauantaige, il a escript
la Grammaire Francoyse entiere.
Et de grace qua faict le grand Roy
Francoys, quãd il a excite la science & lusaige de toute langue, Hebraicque, Græcque, Latine: voyre
quand il a este luy mesme si studi-
eux de sa lãgue, quil ny auoit homme en ce Royaulme mieulx enten-

telle liberalite de Roy, qui donn[a]
oultre les aultres fort grandes de[s]
ſpences a vng ſeul Ariſtote pou[r]
ce faict quatre cens cinquante mil[-]
le eſcus. Et a vray dire ce grãd Ro[y]
ne ſe pouuoit baſtir vng trophe[e]
plus Royal, ny plus magnifique, ny
de plus lõgue duree, que ceſtuy la
Parquoy (MADAME) penſes qu[e]
Dieu vous a donne, & leſprit, & l[e]
moyen de faconner aulx Francoy[s]
vng aultre Alexãdre, en luy baſtiſ[-]
ſant vng Royaulme de toutes di[-]
ſciplines. Vous laues dreſſe iuſ[-]
ques icy, & dreſſeres (a layde d[e]
Dieu) plus ſongneuſement que ia[-]
mais, vous propoſant bien faire
dun Charles de Valloys, ce que feit
Madame Loyſe de Sauoye Regen-
te en France, de ſon Francoys de
Valloys. Ceſte Dame voyant l[e]

ntil naturel de son fils, luy pro-
osa vne lecon ordinaire a son dis-
er, ores des lettres humaines, ores
e la saincte escripture : ce que ce
usne Roy print a si grand plaisir,
ue lon eust dict de ceste table
oyalle , que cestoit vne Acade-
ie de Platon, ainsi estoit elle gar-
ie de toutes personnes doctes &
auantes . Et bien heureux sesti-
oit celuy, qui y pouuoit propo-
er en vng moment, ce quil auoit e-
tudie toute sa vie : aussi estoit ce
Roy fort liberal enuers tels esprits,
e sorte quil excita par son exem-
le tout vng monde a lestude des
onnes letres: Ainsi doncques fai-
es vous, en proposant au Roy per-
onnaiges dexcellēt scauoir, & entre tous aultres, pour son præcepteur, Iacques Amiot, Euesque

dAuxerre, qui na moins fait pou
ſa patrie en tranſlatant ſi elegam
ment en noſtre lãgue les euures d
Plutarque, que Plutarque meſm
auoit faict pour la Grece, en les có
poſant. Par ainſi doncques prepa
rant mon ſymbole a ceſte Royall
Academie, ie rends graces a Dieu,
quil luy a pleu faire reluire le ſo
leil de ſa clemence ſur la Frãce, de
maniere quen inuoquant & ma
gnifiant ſon ſainct nom, ie puiſſe
auſſi faire ſeruice a ceulx quil a có
mis & ordonne au gouuernement
de ma patrie. MADAME, ie vous
ay propoſe au proeme des Mathe-
matiques vng des beaulx monu-
ments qui fut iamais ſur terre, &
vous en ay ouuert vng treſample
moyen, Vous y penſeres ſil vous
plaiſt. Ceſt a voſtre Maieſte, de

esser pour la noblesse de France,
g corps dhostel si magnifique:
ma part ie mestudieray de tra-
r quelque lineament de lame de
corps en descriuant les arts libe-
ulx, & commenceray par la Grã-
aire Gauiloyse ou Francoyse an-
ennemẽt celebree par nos Drui-
es, par nos Roys Chilperic &
harlemaigne, nagueres comme
uoquee des enfers par le grand
oy Francoys, traictee en diuerses
cons par plusieurs autheurs. Iac-
ues Syluius, qui est decede en la
rofession Royalle de Medecine,
præsenta a la Royne Leonor a
n aduenement, & tascha de re-
ormer labus de nostre escripture,
faire qu'elle conuint a la parolle,
omme appert par les characteres
ors figures par Robert Estienne,

& practiques par toute la Grammaire. Geoffroy Tory, maistre d
pot casse, lors Imprimeur du Ro
en mit en lumiere quelque traict
Dolet en a compose quelque partie, comme des poins & apostro-
phes, mais la conduitte de cest
œuure plus haulte & plus magnif
que & de plus riche & diuerse e
toffe est propre a Loys Megret
combien quil nayt point persuad
entierement a vng chascun ce qu
pretendoit touchant lortograph
Iacques Pelletier a debatu subtill
ment ce poinct d'orthographe, e
ensuiuant, non pas les charactere
mais le conseil de Syluius, &
Megret. Guillaume des Autels
fort combattu, pour deffendre
maintenir lescripture vulgaire
Lors esmeus dune si louable entr

ise nous en fiſmes auſſi quelque
ſup deſſay, tendants a demõſtrer
ue ñoſtre langue eſtoit capable
e tout embelliſſement , & aorne-
ment, que les aultres langues ayent
mais eu. Les plus recens ont eui-
e toute controuerſe , & ont faict
quelque forme de doctrine chaſ-
un a ſa fantaſie. Iean Pilot, Iean
Grenier, Anthoine Caucie en La-
n, Robert Eſtiẽne en Latin & en
rancoys : Ioachim du Bellay, le
ray Catulle des Francoys, a mis
n lumiere vne illuſtration de la
ngue Francoyſe : Depuis Henry
Eſtienne a eſcrit la conformite du
angaige Francoys auec le Grec,
& ne doubte point (ſil ſadonne a
eſte eſtude) quil ne nous donne
ng auſſi riche treſor de la langue
Francoyſe, comme il nous a don-

ne de la langue Grecque. Nague
res I. A. de Baif a doctement &
vertueusement entreprins le poin
de la droicte escripture, & la foi
esbranle par ses viues & pregnan
tes persuasions. Par ainsi nou
voyons que depuis quarante an
enca, ce proces pour vrayemét es
cripre, a esté sur le bureau ; & qu
maintenant de reprendre ces miē
nes arres anciennes cest reueille
tous nobles esprits addonnes aul
lettres, & les prouoquer a pense
de leur patrie, & la reputer dign
de leurs veilles & estudes , & d
luy communiquer liberallemen
le fruict de leurs labeurs, se propo
sant deuant les yeulx vne grace &
doulceur du Francoys, qui inuit
les estrangers a lapprédre aussi cu
rieusemét, que nous apprenons e
no

os escolles le Grec & Latin, se
oposant aussi toutes les nations
oysines, Italie, Espaigne, Allemai-
ne, qui sestudient a mettre en art
ur langue. Mais (MADAME)
vous detiens trop longuement a
este entree. La Grammaire ap-
rend aulx aultres a bien parler :
arquoy si elle est bonne maistres-
e descolle, quelle mesme parle de
es vertus & louanges, & vous ren-
e raison de tout son faict, & sur
out de ses characteres, de sa facon
descripre : quelle aprenne a parler
rancoys a ses compaignes, Rhe-
horique, Dialectique, Arithmeti-
que, Geometrie, Musique, Astro-
logie, Physique, Ethique, Politi-
que, par ainsi quelle ouure le pas
aulx arts liberaulx pour retour-
ner de Grece, & dItalie en la Gaul-

* *

le, & pour rentrer ſoubs le nom d

CATHERINE DE MEDI-
CIS en poſſeſſion de leur
ancienne patrie.

GRAMMAIRE DE

P. DE LA RAMEE,

Lecteur du Roy en luni-
uersité de PARIS.

CHAP. I. DES VOYELLES.

ISCIPLE. Ie deſi-
re (mópræcepteur)
dentendre de vous
la Grammaire Frã-
coyſe, ainſi que iay
entédu la Latine &
la Grecque moyé-
nant quil ne vous ſoit moleſte. PRÆ-
CEPTEVR. Certe nulle choſe ne me
ſcauroit eſtre plus agreable, que de fa-
uoriſer a tant louable & hõneſte deſir;
mais quand vous appelles Grammaire Francoyſe, nentendes vous point
Gaulloyſe? D. Pourquoy doncques? P.

A

Car combien que les Romains & le
Francoys nous ayent innoue vne infi
nite & de parolles & de façõs de par
ler, de maniere q̃ noſtre langaige ſoi
appelle tantoſt Roman, tantoſt Fran
coys, toutesfois la Grammaire Gaul
loyſe nous eſt demeuree es nombre
& cas des noms : es perſones & con
iugaiſons des verbes : en toute termi
naiſon de chacun mot : au baſtimen
& ſtructure de loraiſon : & quelqu
eſpece que les eſträgers ayent appor
tee en la Gaulle, les Gaulloys lont ha
billee a la Gaulloyſe : & de vray nou
ne parlõs ny Latin (comme il eſt bier
manifeſte) ny Francoys, comme aper
par ʙeatus ʀhenanus au liure des euã
giles tranſlatees en Francoys, ou il n
a mot qui ſoit aujourdhuy entẽdu er
France. D. Vous me racontes vne cho
ſe bien nouuelle a mon regard, & tou
tesfois veritable, & me ſouuient que
es confins d'Allemaigne lon appell
noſtre parler, Roman : & puis que le
Francoys ont eſte dorigine germains,
& quilz ont demeure & commande ſi
lon-

ōnguement en Germanie, il senfuit
ien que le langaige Francoys eſtoit
ermain, lequel nos Gaulloys nenten-
lent aucunement. Parquoy ie confeſ-
e que voſtre demande eſt raiſonna-
ɔle, & que la Grãmaire Francoyſe ceſt
a Grammaire Gaulloyſe. Voules vous
lōcques que ie vous interrogue tout
ſimplement de ceſte Grãmaire Gaul-
oyſe ou Francoyſe? p. Ouy vrayment:
Car ainſi ie cognoyſtray voſtre eſprit, & vous voyres entieremēt le vouloir que ie vous porte. d. Dictes moy
doncques que eſt ce que Grammaire?
p. Ceſt vng art de bien parler, qui eſt
de bien & correctement vſer du langaige, ſoit en proſodie ou orthographe, ceſt a dire en vraye prolation ou
eſcripture. d. Combien de parties at
elle? p. Deulx, Etymologie & Syntaxe.
d. Queſt ce que Etymologie? Ceſt la
premiere partie de Grammaire, qui
declaire les proprietes des letres, ſyllabes & mots. d. Queſt ce que letre?
p. Ceſt vng ſon indiuiſible, comme en
ce mot, Bon, il y a trois letres, *b, o, n*. La

profodie & orthographe des letres,
eſt priſe de leur puiſſance. D. Ie vous
prie expoſes moy la puiſſance que les
Francoys donnent aux letres, & ſil y a
quelque choſe deſgare, comment on
le pourroit radreſſer. P. Ie vous ay dict
principallemét en la Grammaire Latine, de la puiſſance des letres, mais ſi
ſe rencontre icy quelque different, ie
le vous diray. Nos Gaulloys (ainſi que
nous auons móſtre au liure des meurs
de lanciéne Gaulle)auoient leurs characteres, & les appelloyent par noms
Gaulloys : & en commandant aux
Grecs, ils leurs ont dóne les characteres auec leurs noms, tout ainſi que
nous ont faict les Romains : comme
incidamment nous pourrons remar-
quer en nommant les letres par les
noms Gaulloys, ou bié par leurs ſons:
En quoy ieſpere que vous prendres
quelque plaiſir: Car ie vous aſſeure bié
que la langue Francoyſe deuemét en-
tendue ſeruiroit grandement a bien
proferer la lágue Grecque & Latine,
& a recognoiſtre pluſieurs conformi-
tes

es de noſtre langue auec lune & lau-
re. D. Vous me donnes eſperance de
quelque plus grande choſe que ie ne
ſperoy : Commences doncques. En
combien deſpeces diuiſes vous les
letres? P. En deux, ſcauoir eſt en la
voyelle & en la conſonne. D. Queſt
ce que voyelle? P. Ceſt vne letre, qui
par ſoy peult faire vng ſon entier: elle
eſt nommee des Latins par ſa puiſſance. Entre les voyelles les vnes ſe pro-
ferent la bouche plus ouuerte, les aures la bouche plus ſerree & plus ar-
ōdie. La premiere des ouuertes ceſt,
A, que nos Gaulloys ont nomme Al-
pha, elle na rien de different auec les
Grecs & Latins. La ſeconde voyelle
ceſt le ſon que nous eſcripuons par
deux voyelles a, & u : comme en ces
mots, Aultres, Aultel, ou nous pronõ-
çons toutesfois vne voyelle indiuiſible. La cauſe de telle eſcripture eſt biē
incertaine. Il pourroit bien eſtre que
nos Francoys ayent quelquefois prononce ces deux voyelles comme en
diphthongue, & puis quilz ayent faict

dune diphthongue vne voyelle, com
me nous mesmes faisons auiourdhu
de quelques aultres, ainsi que sera dic
en apres. Ou bien cecy est aduen
pourtant que les Francoys voulant
escripre par characteres Romains le
sons de leur parolle, ayent pris ce qu
ilz ont trouue le plus approchant: Ca
les anciens Germains (dont sont yssu
nos Francoys) nescripuoient poin
(comme dit Tacite) voyre ilz nont ri
escript en leur langue deuant Charl
magne, côme tesmoigne Glareanus
& par ainsi il est vray semblable, qu
venants en la Gaulle (ou ilz ont trou
ue les Gaulloys ia long temps aupara
uãt tout Romanises) quilz ont pris le
characteres Romains, & en ont mar
que leur langaige tellement quelle
ment. Car ceste voyelle nest ny Grec
que ny Latine, elle est totallemét Frã
coyse. Brief quelque chose quil y ay
la diphthongue Romaine, *au*, nexpli
que point nostre voyelle par sa pui
sance. D. Ie vous entend bien, & m
semble aussi quil nest pas conuenabl
                          descripr

escripre vne simple voyelle par les
haracteres de deux voyelles, & quil
uldroit icy vne propre figure, côme
est vne propre voyelle : mais quel-
e figure commanderies vous? P. Ce
est point a vous ny a moy de com-
mander au peuple de Frãce:trop bien
ouuons nous proposer nostre aduis
uec toute submission : Ce seroit de
ous departir le moins qui seroit pos-
ible,de la coustume, & toutesfois re-
enir la verite.Côme icy de compren-
dre *a*, & *u*, en vng mesme charactere,
ainsi que la voix les comprend : côme
pourroit estre *AV,av*,en escripuãt *AV-*
tre fate,en sorte que le lecteur entêdit
que ce ne feust que vne letre : pour le
moins ce seroit dôner occasiõ a quel-
quun de mieux faire. D. Voyla quelque commencement,continues.P. La
troisiesme voyelle , cest vne voyelle
que nos Gaulloys ont appellee l'*e* me-
nu,& que nous appellons auiourdhuy
l'*e* femenin , l'*e* brief, l'*e* clos : comme
es dernieres letres de ces mots, Pere
sage,Mere sote. La quatriesme cest v-
                    A iiij

ne voyelle nommee par nos Gaulloy
Eta : comme elle eſt nõmee par nou
l'e, maſculin, l'e, long, l'e, ouuert : com
me en ces mots, *Mes*, *Tes*, *Ses*, quãt nou
diſons, *Mes biens*, *Tes biens*, *Ses biẽs* : mai
pour ſignifier ceſte lõgueur, nous fai
ſons ſouuent vne lourde eſcripture e
præpoſant vne cõſonne, comme, Deſ
couurir, Eſleuer, pour Decouurir, Ele
uer. Ce ſont icy deux voyelles differẽ
tes, non ſeullement de quantité, mai
de ſon, de ſorte que la puiſſance de lu
ne ne peult conuenir a la puiſſance d
laultre, & quelles ſont pourtant auſſ
bien voyelles comme *a* & *w*, encore
que *w* ſoit touſiours long, comme l'
femenin eſt touſiours brief, & l'e ma
ſculin eſt touſiours lõg. La cinquieſm
voyelle ceſt vng ſon entre ſes deu
voyelles tantoſt brief, tantoſt long : cõ
me es dernieres letres de ces mots
Ayme, Traicte, *amatus*, *tractatus*, ou i
eſt long : item es dernieres ſyllabes d
ces mots, Aymer, Traicter, ou il eſ
brief. D. Certainemẽt ce ſont icy troi
letres bien diuerſes : fauldroit il poin
trois

rois characteres pour ces trois voyel-
es? P. Si quelque bon esprit les met-
oit en auant, de maniere que l'e, fe-
nenin fust E͗,ę. L'e, masculin fust E͗,e͗,
en supposant ou surposant tant seullemét vng petit crochet, & que le moyé
fust l'e, simple sans aultre distinction,
ce seroit vng grand eclarcissement de
nostre escripture en ostant la confusion de trois voyelles : comme en ces
mots, *Fe'rmęte*, *One'tęte*. Car lors trois
voyelles differentes en son & puissance seroyent differentes de figures &
characteres. La sixiesme voyelle cest
vng son que nous escripuós par deux
voyelles *e*, & *u*, comme en ces mots,
Peur, Meur, Seur, qui semble aussi a-
uoir este quelque diphthongue, que
nos ancestres ayent prononcee & es-
cripte, & puis apres, cóme nous auons
dict de Au, que ceste diphthongue ayt
este reduicte en vne simple voyelle:
ou bien que lon aye pris a peu pres ce
que lon pouuoit . A ceste cause il ne
seroit point aussi parauenture estrange de la marquer ainsi, E͗,e͗, comme en

ces mots. *Ere*, *malere*, en comprenant
ces deux characteres enfemble, comme la prolation a compris les deux
voyelles en vne: La feptiefme voyelle
ceft, *i*, nommee par nos Gaulloys, Io-
ta, qui na rien de differét auec le Grec
& Latin. D. Par ainfi nous aurions fept
voyelles ouuertes, *a*, *w*, *ę*, *e*, *é*, *e*, *i* : qui
font quatre dauantage que nont les
Latins, & trois plus que les Grecs: Di-
fons des voyelles arrondies. P. La premiere des voyelles proferee la bouche plus ferree & plus arrondie, ceft le
fon propre en la premiere & troifiefme letre de ce mot, Obole. Les Grecs
ont faict icy deux characteres, fcauoir,
ω, quand cefte voyelle eftoit longue,
& lont nomme *l'*o grand : & *o*, quand
elle eftoit briefue , & lont nomme *l'o*
petit . Mais les Latins & les Francoy:
ont mefprife cefte difference, & non
faict que vn charactere pour cefte
voyelle, comme auffi ils nont faict en
a, & *i*, en delaiffant ce differét de quátite, a lintelligéce de celuy qui la profere : & de faict il ny a en *a*, *i*, *o*, eftant:
                                                    long:

ongs ou briefs aultre son, ny aultre
uissance, comme il y a en *w, ç, e, é, v*.
arquoy ne sera icy besoing de deux
haracteres. La seconde voyelle arró-
ie cest le son que nous escripuons a-
usiuemét par ou : car cest icy en Frá-
oys vng son indiuisible, comme nous
uons dict de *w* & *v*, voyre marqué par
simple charactere, & prononce non
eullement par les anciés Latins, mais
ussi auiourdhuy par les Italiés, Espai-
gnols, Angloys, Allemans : & semble
bien que les anciens Frácoys en ayent
faict le semblable : dont appert en ces
mots Latins, *Bucca, Culter, Dulcis, Fulgur,*
Gulosus, Iugum, Lupus, Multum, Nutrix,
Pulsus, Ruber, Sub, Turris, esquels tra-
duicts en nostre langue nous prononcons, *u*, comme nous faisons ce que
nous escripuons par ou, comme Bouche, Cousteau, Doulx, Fouldre, Gou-
lus, Ioug, Loup, Moult, Nourrice, Poul
le, Rouge, Soubs, Tours. D. Ce ne seroit doncques rien de nouueau dex-
primer par ce simple charactere ce
simple son, & seroit icy vng grád bien

pour la vraye prolation Latine, ou c
son est ainsi escript, & ne seroit be
soing de figurer nouuelle figure, pu
que ceste cy nous est presentee aue
telle euidence & auec telle vtilite.
Vous dictes vray, mais il a este loysibl
a nos maieurs & anceftres de donne
telle figure a tel son, que bon leur
semble: & les hômes doctes entre nc
voysins appellent ceste voyelle *u ga*
licum, l'u Gaulloys: pourtant que le
seuls Gaulloys entre tant de peupl
vsent de ce charactere, pour exprime
la derniere voyelle. Parquoy il sero
parauenture mieux de composer ic
comme en la seconde & quatriesm
voyelle vng charactere de deux, con
me seroit ʊ, en supposant, *o*, soubs
pourtãt quil ne pourroit bonnemen
pour sa rondeur se ioindre auec *u*, ain
si que *a*, & *e*, se font côioincts en *æ*, & *œ*
& pourroit biê estre que nos gaullois
& puis les Grecs apres eulx pour la di
ficulte de telle côionction ayent ain
faconne ce mesme charactere. D. C
sera doncques icy repeter des Grec
vn

ng charactere Gaulloy. P. Vous dites vray, & nõ pas toutefois affin den
ſer a la Grecque pour vne abbreuia-
ió de deux voyelles en vne diphthõ-
ue. Car ce ſon nous eſt vne ſimple
oyelle, cóme aux Latins eſt *u*, voyel-
e ſimple di-je, voire qui eſt ſouuent
riefue, comme en, Courir, Mourir.
Mais ſur tout il fault cóſiderer, que la
derniere voyelle ceſt le ſon que nous
ſcripuõs par *u*, & que les vrais Grecs
& Latins ont eſcript par y, cóme nous
uons monſtre clairement en nos eſ-
olles. Partant nous abuſons lourde-
ment de *y*, pour la voyelle *i*. Car les
raies puiſſances de ces letres ſont
grandement differentes. D. Ne ſeroit
l pas dócques beaucoup plus propre
uſer du charactere *y*, pour la dernie-
e voyelle, & de *u*, pour la penultime?
Car en ce faiſant nous aurions noſtre
orthographe diſtincte en ces deux
voyelles: Dauantage nous ſerions in-
ſtruicts a bié pronócer la lãgue Grecque &Latine,ou ceſte derniere voyel-
e eſt marquee par *y*. P. Tout cela ſeroit

a ſoubhaicter, ſi nous auions a forger
comme vng nouueau chiffre, & a cõ-
mencer vne orthographe ou il ny en
euſt jamais eſte aucune en vſage:mais
ceſte vtilite, combien quelle ſoit fort
grande, neſt pas ſuffiſante pour abolir
vne ſi longue præſcriptioñ fondee ſur
vng droict legitime, & ſur vne poſſeſſion de bonne foy. D. Certainement
ce neſt pas ſans cauſe, que vous doub-
tes de ces dernieres voyelles, car ſe
ſont comme deux cordes en vng luc,
qui ſonneroient vne bien differente
chanſon. Ce pendãt ie retiens que l'y
gregoys vacqueroit en noſtre orthographe,& ſi nous auions ces trois characteres, *ʋ,e,ʋ*, Item *ȩ,e,é*, nous aurions
dix voyelles nommees par leurs ſon:
& ainſi figurees.

A	*a*	*Amant, ardant,*
Ʋ	*ʋ*	*Ʋtel, ſʋt, fʋt,*
Ȩ	*ȩ*	*Ȩʋ roſȩ,*
E	*e*	*Chante, naure,*
É	*é*	*Epés, enfér,*
Ɇ	*ɇ*	*Ɇrȩ, erevzȩ,*

I

I	i	Iſſir,tiſſir,
O	o	Obole,oppozons,
ϑ	v	ϑtrẹ,κϑrrϑs,
U	u	Uzurẹ,rupturẹ.

Chapitre deuxieſme des de-
myuoyelles liquides.

P. Voſtre diligence a ſi bien apprendre & ſi bien retenir meſt fort a-
greable:paſſons oultre. D. Iay vne queſtion a vous faire,ceſt puis que nous v-
ons des letres Latines , quil ſemble
auſſi que nous debuons pareillement
ſer de leur ſon,& totallement eſcrip-
e ainſi que nous parlons. P. Vrayment
ſi tous peuples vſantz des letres La-
ines en gardoient le vray ſon , ce ſe-
oit vn merueilleux bien pour la langue Latine : Car chacun apporte le
meſme ſon des letres Latines , quil a
accouſtume en ſa langue maternelle.
Prenes vng Pollonoys, vng Angloys,
vng Frācoys tous parlantz Latin & le
pronōceantz ſelon lalphabet de ſa pa-
rie, Dieu ſcayt quelle peine ilz aurōt

auant quils ſe puiſſent entreentendre:
pourtant que chacun prononce le Latin a ſa guiſe : le Pollonoys a la Pollo-
noyſe, Langloys a Langloyſe, le Francoys a la Francoyſe, & non pas a la facon des vrays Latins. Et combien que
le Francoys ayt peu vſer de ſa Fran-
ciſe & prendre tel charactere, & luy
donner telle puiſſance que bon luy a
ſemble, comme, *u*, pour *y*, ce neantmoins il neſt pas loyſible a aulcun
peuple derrer, ny deſtre inconſtant en
ſon entrepriſe, quil ne ſoit auſſi loyſible de ladmoneſter de ſon erreur &
inconſtance : comme Varron a bien
ſagement deſduict en parlant de la lãgue Latine. Partant ſi nous faillons en
eſcripuant *au*, *eu*, *ou*, en diphthongues
pour ſimples voyelles qui pourroient
eſtre *v*, *e*, *ʋ*, il eſt raiſonnable que nous
ſoyons admoneſtes. Touchant voſtre
ſeconde demande, quil faille eſcripre
comme lon parle, ceſt le iugemét de
Grecs & Latins fonde ſur la cauſe finalle de leſcripture, qui eſt meſſager
& truchemande de la voix, comme la
voix

oix eſt de la penſee: & tout ainſi que
parolle eſt menteuſe, qui ne reſpód
la penſee, ainſi leſcripture eſt trom-
euſe qui ne reſpód a la voix. A ceſte
auſe ceſte facon deſcripre *Maiſtre*,
Monſtroient, *Royaulx*, que nous pro-
rons, *Metre*, *Montroet*, *Royaus*, & gene-
allement toute ſemblable eſcriptu-
e ne reſpondante a la voix, ſe doibt
orriger & reduire a la verite: Il ſe
eult faire (comme jay comméce a di-
e) que nos anceſtres ayent eſcript
quelque temps ainſi quilz parloient,
uis que la parolle ſe ſoit changee, &
eſcripture ſoit demeuree, & que de la
oit venue la cauſe de lerreur en notre facon deſcripre : car la main deb-
ioit enſuiure la parolle, & le change-
nent de lune debuoit accompaigner
e chágement de laultre. Ou bien ceſt
encombrier eſt aduenu au premier
Grammairien des Francoys, qui leur
a compoſe ceſte eſcripture, que en
empruntant les characteres daultruy,
l ayt faict de neceſſite vertu, & ſe ſoit
deſpietre de ceſte difficulte du mieux

B

quil ayt peu.D. Ie comméce a cognoi
ftre vng grand expedient a redreſſe
noſtre eſcripture, & nous reigler vn
orthographe en attribuant ainſi & ap
propriant a chacune voyelle ſon cha
ractere : mais ceſt aſſes dict des voyel
les, Dictes nous que ceſt que conſon
ne,& ſi quelque vne nous default, ad
ioutes la, comme vous aues adiout
aux voyelles.P.Conſonne ceſt vne le
tre qui ne peult de ſoy faire vng ſo
entier, & pourtãt elle eſt nommee e
Latin par layde de quelque voyelle
La conſonne eſt demiuoyelle, ou mu
ette : Demiuoyelle pourtant quelle
comme vng demy ſon de voyelle: ell
eſt nommee en præpoſant e, ſelon f
puiſſance : & eſt partie liquide, parti
ferme:Les demiuoyelles liquides ſon
ainſi appellees, nõ pas quelles ne ſoiẽ
auſſi bien ſouuent fermes, mais pour
tant que quelquefois elles ſont qua
fondues & liquefiees en leurs ſons,e
les approchent des premieres voye
les, comme ſont celles que nos Gau
loys appelloient,*Sigma,Ro,Lambda,M*
N

Iy, ou bien comme nous escririons,
Iu, *Nu*, les Romains les ont nom-
nees *Es, Er, El. Em, En*: Car quand nous
lisons, *Sa, Se, Si, So, Su : Ra, Re, Ri, Ro, Ru:
La, Le, Li, Lo, Lu : Ma, Me, Mi, Mo, Mu : Na
Ne, Ni, No, Nu*, ce sont côsones fermes:
mais quand nous pronôceons ce que
nous escripuons, comme en ces mots,
*Chapitre, Chose, Musart, Moysi, Tara-
re, Fueillart, Douillet, Bam, Nom, Compaignon, Gaigner*, nous ne prononceons que demie, *S ,R,L,M,N*. D. Mon
præcepteur je suis fort joyeulx dentê-
dre ceste doulce liqueur en nostre lâ-
gue Francoyse. Car jamais je ne lauois
aperceu en Latin, sinon par ie ne scay
quel vsage en faisant des vers Grecs &
Latins mesures de syllabes longues &
brieues: mais ie vous retarde de vostre
propos. P. Premierement nous sommes prodigues en lescripture de, *s,*
sans la prononcer comme en *Maistre,
Mesler, Masle, Oster, Soustenir*. Ceste
superfluite nest point en la liqueur,
qui est icy double : La premiere, cest
ce que nous escripuons, *ch*, comme en
B ij

Chapitre, Chere, Chiche, Chofe, chut, &
neſt ceſte letre ny Grecque ny Latine, ains totallement & propremen
Francoyſe : & contre toute raiſon ell
eſt eſcripte par, *c* & *h* : Car en tel ſon i
ny a rien ny de *c*, ny de *h*, comme leu
puiſſance le demonſtrera : Car ſi vou
ſonnes *c*, comme en *Car*, & *h*, comm
en *Haren*, qui eſt leur vraye valeu
vous cognoiſtres que *Chapitre*, ſon
neroit comme *Khapitre*. Parquoy ceſt
demiuoyelle demanderoit vne figu
re propre, comme pourroit eſtre pou
ne nous trop eſgarer *Ç*, que les Eſpai
gnols appellent Cecillo, nous le pour
rions appeller eſſille comme petite ſ
ou par ſa puiſſance *eç*, comme nou
nommons *es*, & les aultres demiuoyel
les : en præpoſant, *e*, ou bien a la Grec
que nous le nommerions Sigmation
petit Sigma. Elle eſt appellee Cin pa
les Hebreus, qui prononcent ainſ
ceſte letre, & par la difference de la
quelle contre, *s*, quarante deux mille
Ephratiens furent remarques pou
eſtrangers en ce mot *Ciboletz*, ou il
pro

rononcoient *Siboletz*, & par cest in-
ice estant descouuerts furent mis a
mort. D. Ainsi les Flammans seroient
nos Ephratiens, car ilz prononcent
ere, pour *Chere*: mais nous mesmes
en nostre escripture serions a tout le
monde plus que Ephratiens en escripuant vne demiuoyelle ferme, &
vne muette tant differente, & tant re-
pugnáte pour representer ceste doulce liqueur. P. Nos Frácois encore quils
soient en ce charactere plus gaillars,
toutefois en abusent pour, *s*, en escripuant, *François*, *Leçon*, quilz prononcent, *Fransois*, *Leson*. Par ainsi il fauldroit employer ce charactere tát seulement pour ceste liqueur de, *s*. La seconde liqueur issue de *s*, cest ce que
nous escripuons par *z*, comme en ce
mot *zizanie*, & que nous nommons
zet, presques comme nos Gaullois, qui
lauoient nomme anciennement *zeta*,
& que nous pourrions nommer *ez*,
comme nous auons nomme, *es*, *ec*. Le
changement nest pas icy si grand: Car
combien que les Grecs (dont les La-
B iij

tins & les Francois lont depuis receu
vſurpent ceſte letre pour deux s, quil
eſcripuent quelquefois ainſi ∽, ou bi
pour deux aultres conſonnes : toute
fois la France , comme nous auons i
diſcouru, a peu prendre ce character
pour telle puiſſance quil luy a pleu, &
de faict, Z, ne ſignifie iamais aultre ſo
en noſtre langue, que ceſte demie s. A
ceſte cauſe puis que nous auons ain
praticque le Zet, nous abuſons incon
ſtamment de s, pour z, au meilleu d
mot, comme en eſcripuant *Amuſ*
Moyſi, ce que nous prononcons *Amu*
ze, Moezi : & certes ceſt bien contr
toute raiſon deſcripre pour vn dem
ſon le charactere du ſon entier, atten
du que nous auons vn propre chara
ctere pour demy ſon . Partant noſtr
eſcripture ſeroit icy mieulx ordonne
en vſant en chacun ſon dung propr
charactere, & ne ſeroit beſoing de re
doubler s, au meilleu, comme en ce
mots, *Meſſager, Amaſſer* : Car vne ſim
ple s, ſignifiroit tout autant que deux
D. Vrayment ces trois demiuoyelles s

ſ, z

z, seroient gentillement ainsi distin-
uees : mais quelle liqueur trouues
ous en *R*? p. Elle est ferme au commencement,& liquide au meilleu: cōme en *Rire, Rare*, la premiere *r*, est plus
erme, la seconde est fort amollie. D.
Cela est tout manifeste, mais que dites vous de *l*? Ie ne vous demande
point sil fault escripre, *Oultre, Peult,
Moult*, ou *l*, nest aucunemét proferee:
Car telle escripture demonstre asses sa
ourderie, Ie vous demande que vous
estimes de ceste escripture, *Douillet,
Fueillet*, p. Cest vne escripture fort barbare, ou nous assemblons trois letres
pour la moytie dune,& les forcons de
sonner vng son contraire a celluy que
nous leur auōs premieremét impose.
Le remede pourroit estre par ce charactere *L,ɫ,* que lon a nóme *l*, molle,&
que nous pourrions nommer Lamb-
dacion, comme *petit Lambda*, ou *Eɫ*,
en præposant comme deuant vng *e*,
Einsi en escripuant *Doɫet, Feɫet*, nous
euiterions ce tant lourd barbarisme.
D. Maintenant cognois-je la liqueur
B iiij

dune demiuoyelle en vne simple figure amollie de la mesme demiuoyelle ferme. Restent *M*,& *N*,& su-
tout ie desire de scauoir pourquoy
nous escripuõs *Compaignon* , *Espaignol*
Ie nen attéd pas moins que de *Douille*
& *Feuillet*.*p*. *M*,est ferme au commencement de la syllabe, en fin elle est liquide : cõme *Marie*,*Martyr*,*Nom*,*Bam*
Arrierebam : qui a este cause a nos Grã-
mairiens denseigner que *m*, deuant *p*
estoit presques supprimee,comme en
Camp,*Champ*. Toutefois nos Francoys
nont point faict icy non plus quen *K*,
cest amas de letres , quilz ont faict en
L, pour noter vne liqueur: *N*, est volõ-
tiers ferme au cõmencement du mot
& en la fin : comme *Nanin*, *non* : mais
au meillieu elle est quelquefois liquide, cõme en *Compaignon*, *Espaignol*, ou
cest la mesme barbarie, que *Douillet*,
Feuillet, ainsi comme vous penses : car
descripre *i*,& *gn*,cest a dire vne voyelle,vne muette,vne demiuoyelle,pour
la moytie dune demiuoyelle,cest toute semblable subtilite que deuant: qui
a este

efte caufe auffi dy chercher remede
xtraordinaire, fans fe contenter du
haractere fimple, comme en r, & m.
ar lon a inuente vne n, molle en ce
haractere N,η,pour efcripre Copaηon,
ſpaηol, ce charactere fe pourroit nō-
er comme *Nyon*, que nous efcri-
ions *Nuon*: ou bien fe pourroit nom-
er en la mefme façon que deuāt. D.
e mappercoy bien quil ny aura point
aulte de voftre part que noftre efcri-
ture ne foit richement aornee . Par
infi nous aurions en ces liquides &
n leurs liqueurs neufs demiuoyelles,
lont les quatre feroient toufiours li-
quides:comme en fes figures defcrip-
es felon les puiffances.

Sigma,	*Es,S,ſ,s,*	*Salut,aſvt,*
Sigmation,	*eç,Ç,ç,*	*Çerç,Çoze,*
Zeta,	*ez,Z,z,*	*Muzart,Cvzer,*
Ro,	*Er,R,r,*	*Rirç,Rare,*
Lambda,	*El,L,l,*	*Lave,elite,*
Lăbdaciŏ,	*Eļ.L,ļ,*	*Drļet,Feļet,*
Mu,	*Em,M,m,*	*Mō,nom,mon,bă,*
Nu,	*En,N,n,*	*Nanin,non,*
Nuon,	*Eη,N,η,*	*Çāpaηe,Bretaηe.*

Chapitre troisiesme des demi- uoyelles fermes.

P. Vous aues iuſtement compris le nombre des demiuoyelles liqui- des. D. Diſons doncques des demi- uoyelles fermes. P. Ce ſont celles qui ne ſont iamais liquides, ains touſiours fermes, & ſe rapportent aux ſecondes voyelles en arrõdiſſant leur ſon, comme nous auons dict en Latin. La pre- miere, ceſt le ſon que lon profere & eſcript es premieres ſyllabes de ces mots, *Iamais, Ietter, Iiſte, Ioſias, Iurer.* Ceſte demiuoyelle ferme a eſte nom- mee *Iod,* par les Hebreux, & puis nous lauons praticquee en nos impreſſions Latines pour faire difference de la voyelle *i,* contre ceſte conſonne. La ſeconde ceſt le ſon prononce es pre- mieres letres de ces mots *Vacation, Vertu, Viſte, voſtre, Vuide.* Nous lauons figure ainſi, *V, v,* pour le ſeparer de la derniere voyelle *u,* & Varron treſdo- cte Romain la nommee *Vau,* ſelon ſa propriete & vertu. Ces deux letres ont vng grand & frequét vſage en noſtre langue

angue, & partant requerroient bien
auſſi deulx propres characteres tels
que nous auõs propoſe. Car ceſt bien
aultre choſe quune plaine voyelle &
vne demiuoyelle ferme : cõme *Beaulx
ieulx* & *Beaux jeux* : Item, *Puante morue,*
& *puante morve* : Bref il y a autant de
difference comme entre le tout & la
moytie. La troiſieſme demiuoyelle
ferme, ceſt *Ef,* qui na rien en Frãcoys
different du Latin, comme en *Fa, fe, fi,
fo, fu.* La quatrieſme ceſt, *Ha,* que pourtant lon nomme mal, comme, *Ache,*
& eſcript on mal ce nom, comme *Ah,*
ainſi que nous auons declaire en nos
eſcolles Grammairiennes. Ceſte letre
neſt point aſpiration en Francoys cõme en Latin, & pourtant neſt iamais
apoſtrophee, ou elle eſt vrayment eſcripte, mais elle eſt touſiours demiuoyelle ferme, & eſt ſeulement deuãt
les voyelles, comme la *Hallebarde,* la
Here, le *Hideux,* le *Honteux,* la *Hure* : &
pourtãt ceſt vng abus de nos Etymologiques Latiniſeurs de leſcripre ou
elle neſt point proferee : cõme en He-

ritier, *Heure, Homme.* D. Vous aorn
icy noſtre langue de deux character
fort neceſſaires,& toutefois non no
ueaulx, ains fort anciens, & monſtr
vne vraye demiuoyelle, ou nous r
faiſons quune aſpiration : Par ainſi le
demiuoyelles fermes ſeroient quatr
ainſi nommees & figurees.

Iod,	*J,j,*	*Jujube,*
Vau,	*V,v,*	*Vivre,*
Ef,	*F,f,*	*Forfaict,*
Ha,	*H,h,*	*Hale,honte.*

Chapitre 4.des muettes.

P. Vous dictes bien. D. Allons plu
oultre,pourſuiues denrichir & em
bellir noſtre langue de telle richeſſ
& de telle beaulte, & nous declaire
les conſonnes muettes.P.Les muette
ſont nommees par leur puiſſance e
poſtpoſant *e,*& ſont auſſi en enſuiuan
les voyelles, partie plus ouuertes, par
tie plus cloſes. Ouuertes proferee
principalement des dents: cõme ſont
Tau, & *Delta,* ou bien du palais, cõm
Cappa

appa & *Gamma:* cloſes comme *Beta,&*
, qui ſont les noms anciens & Gaul-
ys,& les Latins les ont nommees *Te*
De,Ce & Ge,Be,& Pe. De ces muet-
s trois *D, B, P,* ſont demeurees en
ur entier,& ne ſont en rien alterees,
omme en *Da,de,di,do,du : Ba, be,bi,bo,*
: *Pa,pe,pi,po,pu:T,C,G,* ſont bien ſou-
ent corrompues en nos eſcripts. D.
eclaires ceſte corruption, & mon-
res comment il y conuiendroit re-
medier.P.Nous abuſons de *T,* pour *S,*
ntre deux voyelles, cóme nous pro-
oncons *Graſian, Condiſion* , & toute-
ois nous eſcripuons *Gratian, Condi-*
ion . Ceſt abus eſt fonde ſur vng aul-
re abus,ceſt que ces mots ſont Latins,
& pourtant pour monſtrer leur etymologie & origine, quil les fault ainſi
ſcripre, qui eſt vng argumét de ie ne
cay quels Latiniſeurs,toutefois(comne il ſemble)bien mal fonde en la lágue latine : Car les Latins meſmes,
leſquels nous voulons eſtre ſi grands
zelateurs, nont iamais prononce *Gra-*
ianus, pour *Gratianus* , & nont iamais

eu esgard a ceste belle Etymologi
pour escripre a la Grecque, les mot
quils auoient tires des Grecs, ains n
se sont propose autre chose en leur e
cripture que la seule prolatió du peu
ple.Bref selon le iugement de Platon
Aristote, Varron, Ciceron le peupl
est souuerain seigneur de sa langue, &
la tient comme vn fief de franc aleu
& nen doit recognoissance a aulcu
seigneur. Lescolle de ceste doctrin
nest point es auditoires des profes
seurs Hebreus, Grecs, & Latins en lu
niuersite de Paris comme pensent ce
beaux Etymologiseurs,elle est au Lou
ure, au Palais, aux Halles,en Greue,
la place Maubert: Ainsi Ciceron a de
claire quil sest reserue la science, mai
touchant lusaige, quil la dóne au peu
ple. Par ainsi cest vne estrange barba
rie en ces Grammairiens, qui se deb
uoient proposer la pronontiation d
peuple, de faire seruir vne muett
pour le son dune demiuoyelle, & d
vouloir faire quasi parler, ce quils er
seignent estre muet. Labus de c,& g
e

t encore plus grand : car ces letres
eburoient ſonner ainſi deuant *e*, & *i*,
ɔmme deuant *a*, *o*, *u*, brief cõme elles
ɔnnent en *Lac*, *Sang*. Lacus Sanguis,
ɔmme auſſi elles ſonnoient aux vrais
Grecs & Latins : ce qui a eſte demon-
re ailleurs, & ſe deburoiét nommer,
ɔmme qui les eſcriproit *Cue*, *Gue*,
Jous en abuſons eſtrangement de-
ant *e*, & *i*, pour *S*, & *J*, en les appellant,
ɔmme qui les eſcriproit *Se*, & *Je*:
u nous dementons leur puiſſance,
n eſcriuant *Cecy*, *Cela*, *Age*, *Gile*, que
ous pronõcons *Seſi*, *Sela*, *aje*, *Jile*: mais
ue diroit on de labus deuant les aul-
res voyelles? Car en *Commenca*, *Lecon*,
Recut, *Bourgois*, *Bourgon*, *Dongon*, lon
ɽononce, *Commenſa*, *Leſon*, *Reſut*, *Bour-*
ɟes, *Bourjon*, *Donjon*: puis pour corriger
ceſt abus, lon en faiƈt vn aultre, en in-
erpoſant *e*, ſans le pronõcer aulcune-
nent, comme *Commencea*, *Commen-*
ceons, *Receut*, *Changeons*, *Jugeons*, *Bour-*
geoes, *Bourgeon*, *Dongeon*. Certes puis
que nóus auons propres notes a tels
ons, ceſt vne lourde inconſtance de

les mefprifer, & contre toute raifor
forcer les muettes de reprefenter le
demiuoyelles.Dauātaige nous efcrip
uons *g*, en fin de quelques mots fan
le pronócer, cóme en *Tefmoing,Soing
Coing*,pourtant(me dira ton)que nou
efcripuons *Tefmoingner,Soingner,Coin
gner* : Or il falloit efcripre en efcriptu
re correcte *Temoņer,Soņer,Coņer* : & cé
fte belle excufe toutefois nexcufer.
point *vng* pour *vn*:Ce fera (dict on) d
peur quil ne femble que vn ne foit l
note du nombre de fept, qui eft vn
grande fimpleffe, comme fi *n*, neftoi
point differente de *ii*.D.Quel remed
nous pourries vous trouuer icy pou
euiter lambiguite de ces deulx muet
tes deuant *e*,& *i*?P. Le Grec nen a au
cune en la première en proferant fo
κappa , deuāt toute voyelle femblable
ment: Cefte letre eft de nos Gaullo
repetee puis apres des Latins, & rer
due a nos Frācoys : mais nous nen t
nons compte & nous eft totalemer
inutile: remettes fus lanciénete en e
cripuant,*κa,κe,κi,κo,κu*,pour *ca,que,qu*
                                    c

o, cu : Vous aures voftre orthographe
en ce point parfaicte & accőplie. Au
furplus nous auons icy vne abbreuia-
ion grecque x, pour cs, ou gs, ou gz, de
aquelle nous vfons en quelques mots
Grecs & Latins, comme *Xerces*, *Xeno-*
hon, *Expofer*, *Exacteur*, *Exhæreder*, *Exi-*
ter, & en pourrions vfer fuiuãt la puif-
ance des fimples letres *ks*, *gs*, *gz*, defquelles elle eft compofee, comme en
ces mots, *Conionxion*, *Dixion*, *Lax*,
Lonx, que nous efcripuős, *Conionction*,
Diction, *Lacs*, *Longs*. Nous en abufons
bien hardimét en la fin du mot, com-
me, *Enuieux*, *Voix*, *Noix* : ou *s*, eft feul-
lement proferee. La raifon de telle ef-
cripture eft plus barbare que le mefme barbarifme. Ceft que fi lon efcrip-
uoit, *Enuieus*, lon pourroit lire *Enui eus*.
D. Ceft merueille que telle noncha-
lance aye peu fi long temps regner
en noftre Grammaire : Parquoy ie
loue voftre propos, par lequel vous
nous donnes vng fi grãd moyen pour
regler ces letres, & en ofter toute cő-
fufion : & de ma part ie prend grand

C

plaifir a tel mefnage , & comme a vng
retraict lignager touchãt le *kappa*, qu
nos Gaullois auoient alliene aux Gre
gois: P. Vous aues raifon: car lors nou
naurions quune letre pour trois, no
plus que les Grecs . Ce que les Latin
ont bien cogneu , & ont trefbien iug
(comme nous auós dict en nos efcol
les)que ces trois letres, *K, C, Q*, nauoié
quun mefme fon deuãt toutes voyel
les , & pourtant que deux eftoient fu
perflues. Ie viés a la muette *G*, ou nou
auons vng femblable barbarifme qu
deuant : Car *Cue* & *Cui* pour *ke, ki*, nef
pas plus barbare, que *Gue, Gui*, ou nou
ne prononceons non plus *u*, en lung
quen lautre : mais ceft vne elegãce d
nos latinifeurs, pour efcripre *Langue*
Languide, pourtãt que ces mots & aul
tres femblables venoient du Latin: A
cefte caufe pour auoir icy vne efcrip-
ture bien lifable , il feroit expediĕt d
repeter des Grecs pour le moins le
nom Gaullois de *gamma*, & defguife
vng petit noftre figure, cóme ainfi *G, g*
afin q̃ *ge*, & *gi*, ne reuinfent plus pou

                                            Je

& ji, ains que g, sonnast egallement
uãt toute voyelle cóme ga, ge, gi, go,
. D. Iétéd voftre cóception touchãt
s deux muettes: cest que pour eui-
r vne confusion de demiuoyelles &
muettes nous vsions de noftre κά
κappa, & quen alterant vng petit la
ure de la secóde, nous repetiós des
recs lancien nom Gaullois. Car lors
ne fauldroit point vser de deux voi-
de trois letres pour vne. Car vous
cripriez Greκ, Greκe, Long, Longe, &
on pas Grec, Grecque, Long, Lógue. Pour-
nt ces choses éftans telles nous auons six muettes, ainsi nommees & fi-
ees.

Tau,	Te, T, t,	Tater, titre,
Delta,	De, D, d,	Dedans, Didier,
Kappa,	Ka, K, κ,	Kaκeter, κoκiner,
Gamma,	Ge, G, g,	Gerre, gidon,
Beta,	Be, B, b,	Barbe, borbon,
Pi,	Pe, P, p,	Pape, pompe.

Et finablement si nous rassemblions
tout noftre alphabet, nous aurions

vingt & neuf letres. *A w ç e e v i o*
u s ç z r l ʃ m n η j v f h t d κ g b
& vne double x.

Chapitre cinquiefme de la fyllabe en diphthongue & en quantite.

IVſques icy vous aues parle de l
profodie & orthographe des letre
parles maintenant de la fyllabe.ₚ.Sy
labe ceſt vng ſon entier, & peult eſtr
dune ſeule letre, comme dune voye
le, peult auſſi eſtre de pluſieurs letre
voyelles ou conſonnes : La fyllabe d
deux voyelles eſt nommee diphthð
gue, ſcauoir vng ſon de deux voyelle
cðpriſes en vne ſyllabe, ainſi quil ſen
ſuit en la vraie eſcripture. La premie
re ceſt *ai*, comme en *Paiant, Gaiant, A*
dant. Nous auons vne diphthongue d
a, & *v*, que nous eſcripuons par *aou*, cð
me en ce mot *Aouſt*, qui eſt en Latin
Menſis Auguſtus. Mais ceſt en ce ſeu
mot, qui ſe prononce toutefois au
iourdhuy preſques par la ſimple voye
le, comme *vſt* : & neſt ia beſoing pou
vng mot de faire vne regle : Ceſte di
phthongue eſt fort vſitee en Latin
                              comm

omme en ces mots, *Author*, *Audio*,
Augeo : ou la premiere syllabe doit
tre prononcee comme en *Aoust*. La
conde diphthongue c'est *eu*, en *Ça-*
w, *Manteu*, que nous escripuons *chap-*
eau, *manteau*. La troisiesme c'est *ei*, cô-
e en *peine*, *fonteine*, *feindre*, *peindre*,
eindre. La quatriesme c'est *ie*, comme
n *fiel*, *mien*. La cinquiesme c'est *ie*, cô-
e *Die*, *lie*. La sixiesme c'est *oe*, côme
n *Moe*, *Toe*, que lon escript estrange-
ent *Moy*, *Toy*. Car *y*, ne sonne icy to-
alement rien de sa puissance, qui est
ng vice contraire aux Anglois, qui
prononcent *e*, par *i*, en disant *bi*, *ci*, *di*,
que nous disons *be*, *ce*, *de*. La septiesme
c'est *oi*, comme en *Moindre*, *Poindre*,
Coin, *Soin*, qui est fort vsitee en nos
participes, *Voyant*, *Oyant*, *Larmoyant*,
Fouldroyant : aussi en aultres mots, comme *Loiaulx*, *Roiaulx*. La huictiesme c'est
ui, comme en *Puis*, *Nuire* : qui est aussi
souuent en nos participes & verbes,
Fuiant, *Cuidãt*, *Vuider*, *Puiser*. D. Par ainsi
lescripture vulgaire nous represente
de sauuages tripthonges : comme *eau*,
C iij

iei,ieu,oei, oeu, uei, ueu : en *beau, vieillart*
Dieu,oeillade,vœu,mouiller,orgueil,gueule
qui feroit vng grãd prodige en Gram
maire : mais ce prodige eſt refute pa
noſtre voix qui ne pronôce quune di
phthongue en tels ſons. A tant noſtre
langue auroit huict vraies diphthon
gues qui feroient ainſi en la vraye eſ
cripture.

Ai	*Paiant,aidant,*
Eu	*Çapeu,Manteu,*
Ei	*Feindre,Peindre,*
Ie	*Miel,Vielart,*
Ieu	*Dieu,Lieu,*
Oe	*Moe,Loe,*
Oi	*Moindre,Poindre,*
Ui	*Puis,Nuire.*

LES aultres ſeſcripront en ceſte
vraie eſcripture,*Veu,Muler,Eſlade,orgeu,*
Gelu. Mais toutes ces diphthõgues ſõt
beaucoup plus naiuement pronôcees
en Francois quelles ne ſont en nos eſcolles Latines & Grecques : & pourtant noſtre langue ſera maiſtreſſe de
ces

es nobles & difertes langues & leurs
pprendra, comme il fault prononcer
Audio, *Fœmina*, μ᾽υσαι, τύπλεις, λόγοι, ἀρ-
ϋϊα, en quoy ie fens mon cueur fort
fiouy, dentendre que noftre France
oit fi elegante au pris des nations que
ous eftimons les plus facondes du
nonde, & au regard defquelles nous
ugeós noftre patrie comme fauuaige
z agrefte. Continues ie vous fupplie
le nous véger de tel opprobre. P. Les
liphthongues *ai*, & *ie* fen vont bien
ort falterant en *e*, & en *u*, comme en
ces mots *Eimer*, *Fére*, *Diu*, *Liu*, que
nous efcripuós *Aimer*, *Faire*, *Dieu*, *Lieu*,
Ai auffi faltere fouuët en *e*, comme *ai-*
merai, *ferai*, ou nous proferons *Eimęre*,
Fęre. Qui eft le mefme que nous auós
dict de *au*, *eu*, *ou* alterees en fimples
voyelles *a*, *e*, *o*, & de *aou*, en *o*. Quand a
la fyllabe compofee de confonnes, le
Francois ne prononce point volontiers deux confonnes fentrefuiuãtes,
fi ce neft dauenture *R*, comme en ces
mots *Terre*, *Errer*: Ou bien en quelques
deriues, comme *couramment*, *diligem-*

C iiij

ment. Nous sommes neantmoins pr
digues en superfluite de ceste escrip
re : comme *Passer*, *Aller*, *Commun*, *Ho*
neur, *Differer*, *Flatter*, *Addirer*, *Coccu*, *A*
grauer, *Abbayer*, *Frapper*, ou nest prono
cee quune consonne pour deux escr
ptes. D. Ceste prolation est vng aultr
argument de la suauite de nostre lar
gue pour nous dõner tant plus en d
testation la barbarie de nostre escrip
ture : mais naues vous rien à dire de l
quantite des syllabes? P. Nos Francoi
ne se sont point encores faict icy dart
combien que ce leur soit chose autan
naturelle, cõme aux anciens Grecs &
Latins : Voire (qui est chose merueil
leuse) ceulx qui ont commence a rei
gler & dresser nostre lãgue, ne se son
encores trouues en si grãd different
que pour la quantite des syllabes . D.
Exposes nous pour le moins ce qui
vous en semble. P. Il ny a poinct de
doubte que chacune syllabe ne nous
soit longue ou brieue , & que nous ne
la proferions sans y penser : Car vous
prononces aultrement *Pate*, quãt vous
dictes

ictes *pate de chien*,& aultrement quãd
ous dictes *pate de farine*: & pour allon-
er la quantite de lung , vous lescrip-
es *paste*, combien que ne prononcies
ue *Pate*:Vous prononces aultrement
rappes en la seconde personne singu-
ere,& en la pluriere. Qui a este cau-
e que nos Francois ont icy faict vng
masculin,& vng *e*, femenin . Voyre
uils ont adioute quelque consonne
uperflue pour ceste lõgueur : comme
n *Aimast*, *Asne*,*Masle*,*Esconduire*, *Mes-*
ne,*Alumette*,*Sosne*,*Rosne*. D. Et quoy
loncques nous proferons naturelle-
ment les sons de ces voyelles longues
& brieues , que les oreilles des doctes
Grecs &Latins ignorent auiourdhuy,
comme vous aues demonstre autre-
part. Ie cognoy bien quils reuiendrõt
de rechef a nostre escolle,& quil con-
uiendra doster ces letres superflues:
mais que fauldroit il faire icy pour
corriger nostre escripture? fauldroit il
auoir deux characteres pour chacune
voyelle longue & brieue , comme les
Grecs ont faict en deux tant seulle-

mét?P. Les Hebreux en ont ainsi faic
en toutes leurs voyelles, comme auf
nous auons dict de *v,ę,e,e* : dont ę e
toufiours brieue, les aultres toufiour
longues. Ce neantmoins nous pouuó
fans rien changer es aultres, enfuiur
les Latins pour ce feul different d
quantite en *a,e,i,o,v,u,* & appofer quel
que marque de lógueur, ou brieuete
non pas en tout & par tout : car ce fe
roit vne molefte infinie:ains (comm
dict trefbien Quintilien) quant il ad
uiendroit quelque ambiguite, qui fe
roit a deux ententes, comme icy *păte*
păte: Car la continuation de la fenten
ce monftre prefques ce different.

Chapitre 6. de laccent & apoftrophę.

D. Certes ie fuis icy tout efpris d
liefle, & veulx bien vne aultre foi
recorder a bon efcient cefte lecon
Voyons ce qui fenfuit. Vous maue
parle a par foy des letres & fyllabes
refte a dire du mot & de fes accidens
P. Mot ceft par qui chacune chofe ef
nommee : Vous cófideres au mot lac
cen

ent & la notation. Laccent na poinct
ncore en Fráce daultre doctrine que
ature, pour le moins qui soit bonne-
mét expliquee, cóme nous auons dict
e la quantite. D. Laccent toutefois est
harmonie du langaige: ny auroit il
oint quelque moyen pour illustrer
a quantite des syllabes & laccent des
mots? P. Le moyen ce seroit que les
poetes Francois saddonnassent a faire
eurs vers nó seullemét par rithme &
mesure de sons semblables, mais par
certaine quantite de syllabes longues
& breues, a la facon des poetes Grecs
& Latins, alors ils apporteroient a la
angue Francoyse cest ornement tant
necessaire. Car en les oyant, en les li-
sant, en les obseruát, comme docteurs
& autheurs de ceste louange, ce qui se
faict naturellemét, se reduiroit en art,
& par consequence la recherche de
laccent seroit aisee. A ceste cause fauldroit supplier aux muses Francoyses
dentreprédre ce labeur, non pas pour
abolir la rithme, qui est fort plaisante
& delectable, mais affin que leur pa-

trie fuſt eſgallee a la Græce & a lItalie touchant la proſodie en quantite
& accent. Et hardimét le premier gétil eſprit, qui remplira ſes vers meſu-
res dune bonne & riche poeſie, il ſera
le premier poete des Frãcois, comme
Homere & Liuius ont eſte des Grecs
& des Latins, deuãt leſquels ny auoit
ny en Grece, ny en Italie aultre poeſie
que de rithmes, comme nous auons
dict ailleurs, & pour monſtrer que la
France neſt point deſtituee de la nobleſſe de tels eſprits, eſcoutes icy ces
deux poemes de ESTIENNE IO-
DELLE, le premier eſt Elegiaque, &
le ſecond Saphique.

A MADAME MAR-
GVERITE DE FRAN-
ce, ſeur du Roy Henry, deuant
qu'elle fuſt mariée.

Vierge ta France te veult par ces vers ſacrer vn autel,
  Auquel nuire le fer, l'onde, ne l'age, ne peut.
L'age ſuperbe ne mord les vers, dont Grece ſe bâtit
  Vn lôs eternel, ny ce que Romme graua.
Moy doncq qui retirãt mes pas leur gloire reſuiuray,
  Meurdriſſant l'oubly, viure ta gloire feray.

Et

de ce vers meſuré ton ſainct nom bruire lon orra.
Puis que ta ſaincte faueur ayde ma ſaincte fureur.

Cupidon aſſis au char de Venus ſa
mere en la pompe d'Hymen,
au palais de Paris .

ıns voler dans l'air ie guide en ce beau lieu
Dans ce char Cypris reuerant ce beau Dieu
Qui retint d'un nœu memorable ſous ſoy.
Charles auec moy.
'un leger trompeur le renom ie perdray:
Ferme pour touſiours tel amour ie tiĕdray:
Car chacŭ des dieus promet en ce grãd biĕ,
Rompre le vol mien.
eul ie ſuis auteur de ce bien, d'amour vient
L'heur d'Hymen, Cypris de mon heur ſon
heur tient:
ien ne peult des deus r'animer le brãdon,
Fors que Cupidon.

D. Ah mon maiſtre ie vois bien que
Homere & Virgile quitteront la Gre-
ce & lItalie, & viendront heberger en
Frãce, & que les autheurs de tels vers
ſerõt les Homeres & les Virgiles des
Francois. P. Vous me monſtres laffe-

ction dun bon difciple : mais efcoute
ce qui fenfuit. Combien que le Fran
cois nayt encores deffriche ce defer
de quantite & daccent, neantmoins i
a affes plainement defcouuert lapo
ftrophe, ceft a dire vng retranchemē
de letre finalle, pour auoir vne eupho
nie, ceft a dire vng fon plaifāt a loreil
le, & lapoftrophe fe marque en lefcri
pture par vng demy cercle au deffu
ainfi '. D. Cefte apoftrophe me fem
ble quelque appartenance de laccent
a cefte caufe ie defire fcauoir quelle
voyelles font fubiectes a lapoftrophe
P. Ce font *a*, *ç*, *i*, quand le mot fuiuan
commence par voyelle, cóme *M'amie*
I'ayme, *S'il veult*, pour *ma amie*, *Ie ayme*, *S*
il veult. *A*, quand il eft verbe ou præpo
fition, neft point apoftrophe, comm
Il a efte homme de bien: *Il eft a Amieus*. &
final eft quelquefois apoftrophe de
uant la confonne, comme *Grand' ioye*
Grand' peur, *La plus grand' part*. *Sau' vo*
ftre grace. *I*, neft gueres apoftrophe en
Si, comme, *Si audace*, *Si eloquēce*, *Si igno*
rance, *Si orgueil*, *Si vng*. Item, quant *Si*, fi
gnifie

ifie,*tant*,iamais neft apoftrophe:cõ-
e *Si ambitieus* , *Si enuieus* , *Si iniurieus,*
honnefte , *Si vtile* . *Ni*, auffi ne faict
int dapoftrophe:comme *ie ne vis ia-*
is *ni Amboyfe,ni enuie,ni Italie,ni ordre,*
vfage. Quelquefois deulx voyelles
nt apoftrophees en vne mefme fyl-
be,cõme *I'iray*,pour *Iɛ i iray.* D. Qui
nt les cõfonnes fubiectes a lapoftro-
le?P. Ce font *S*,& *T*,quand vne con-
nne commence le mot fuiuãt, com-
e *le' Philofophe' fon' tou' par raifon.R &*
font quelquefois apoftrophees,voi-
pour ne point tomber en vne de-
aifante cõcurrêce de voyelles , nous
terpofons quelquefois vng *T*,& vne
cõme *Tu veu' parle' tou' feul,At i faict?*
i chante? Ie ris & pleure, pour *Tu veus*
rler tout feul,A il faict? A il chante? Ie ri
pleure : non pas que ny *t*, ny, *s*, foit a
lle perfonne , mais pourtant quil
aict ainfi a loreille.

Chapitre feptiefme contenant vng
recueil des chofes fufdictes.

) . Ie cognois icy de plus en plus la
perfection de noftre langue , qui

obeit ainſi au plaiſir de loreille en a
planiſſant ces letres gerſees & comn
entrebaillees : & quen cela elle eſt b
aucoup plus riche, que la langue La
ne, qui eſt ſouuent empechee en tel
gerſure, pourtant quelle na point d
poſtrophe, & eſt contrainĉte duſer
hyperbate & tranſpoſition de mo
Mais cõme la voix apoſtrophe & ɪ
tranche ces letres, ainſi leſcripture ɪ
debuoit retrãcher. Finablement il ɪ
ſemble que iay aperceu iuſques icy
fontaine dune vraye eſcripture : reſ
vne demande. Quand viendra le tẽ
quelle ſera pratiquee, attendu que
couſtume contraire eſt ſi auant enɪ
cinee, & que la ſuperbe nature de n
eſprits ne veult point deſaprendre,
ne veult rien ceder, ny quitter de ſ
vs & couſtumes ? voyre que lon criɛ
que ceſte nouuelle facon deſcrire ſ
roit vne abolitiõ de lanciénete, poɪ
tant que incontinent on auroit oub
lanciẽne eſcripture. P. Quand les Fɪ
cois ſeront autant curieux de bien
cripre, quils ſont de biẽ parler, & qu
ſeſt

seſtudieront autant en lune louange
quen lautre, lors le temps viédra que
vous demãdes : & quant a ces crieries
que vous allegues, ce ſeroit le meſme
quil aduint du temps du grand Roy
Francois, quand il commãda par toute la France de plaider en langue Frã-
coiſe. Il y eut alors de merueilleuſes
complainctes, de ſorte que la Prouence enuoya ſes deputes par deuers ſa
maieſte, pour remõſtrer ces grans in-
conueniens que vous dictes. Mais ce
gentil eſprit de Roy, les delayans de
mois en mois, & leur faiſant entendre par ſon Chancellier quil ne pre-
noit point plaiſir douir parler en aultre langue quen la ſienne, leur donna
occaſion daprendre ſongneuſement
le Francois: puis quelque temps apres
ils expoſerent leur charge en haran-
gue Frãcoyſe. Lors ce fut vne riſee de
ces orateurs qui eſtoient venus pour
combatre la lãgue Francoyſe, & neãt-
moins par ce combat lauoient apriſe,
& par effect auoient mõſtre que puis
quelle eſtoit ſi ayſee aux perſonnes

D

daage , comme ils eſtoient , quelle ſe
roit encores plus facile aux ieunes gé
& quil eſtoit bien ſeant, combien que
le langaige demeuraſt a la populaſſe
neantmoins que les hommes plus no
tables eſtans en charge publicque euſ
ſent,comme en robbe,ainſi en parolle
quelque præeminence ſur leurs infe
rieurs.Semblablement auſſi nous ſou
haiterons a ceulx qui ſoppoſeront a
nous , que le ſemblable leur aduiẽne
& leur dirons quils ont cinq eſcriptu
res vulgaires : La premiere en long
baſtons, comme en quelque anciénes
panchartes, & es ſings des gẽtilshom
mes. La ſeconde en leurs Romans.La
troiſieſme , comme es miſſiues, es pa
piers iornaulx, es procedures des pra
ticiens. La quatrieſme & cinquieſme
en la letre Romaine & Italique : en
toutes leſquelles toutefois ces barba
riſmes dont nous auons parle,ſont or
dinaires:& par ainſi que dautant quils
ſurpaſſent le vulgaire en dignite &
ſplendeur, quils ſeſtudient dautãt a le
ſurpaſſer en parfaicte eſcripture,prin-
ci-

ipallement en matiere de doctrines
z ars liberaulx, qui pour le moins me-
iteroiët bien vne escripture vng peu
lus docte & plus liberalle, attédu que
estude de ceste orthographe ne se-
oit de telle longueur, que des ora-
eurs de Prouence, ains que vng iour
oyre vne heure pourroit deuorer
oute ceste grande difficulte. Parquoy
nous admonesterós nos Francois que
eur lágue est fort gratieuse en profe-
ant chacune letre, voire certaines letres Francoises differentes du Grec &
du Latin, partie voyelles comme *w*, *v*:
partie consonnes, comme *eç*, *ez*, *el*, *en*,
en proferant toute diphthongue par
trop mieulx que ny les Grecs, ny les
Latins dauiourdhuy : en proferant la
quátite de chacune syllabe longue &
brieue, ce que ne peuuent entendre
maintenant les plus scauants profes-
seurs qui soyent en lEurope : neantmoins dirons nous que lescripture
Francoise est par trop agreste & rusti-
que en abusant de la puissance des letres, ores separement cóme de *y* pour

i,de *s*,*t*,*c*,*g*, pour *Z*,*S*,*J* : ores côioincte-
ment comme en amoncellant contre
leur nature *au*,*eu*,*ou*,pour simples sons
a,*e*,*o*, & principallemét *ch*,*ill*,*ign*,pour
ç,*ſ*,*η*, la ou tout au contraire la voix a-
mollit de la belle moytie cès consonnes pour les organiser & rendre har-
monieuses a loreille: item *cqu*,*gu* pour
κ,*g*, tellement que ceſte eſcripture eſt
vne horrible & prodigieuſe image de
la parolle : de ſorte que les petits enfans,les femmes,les eſtrangiers, ceſt a
dire ceulx qui ont le ſimple naturel,
& qui ne ſont embrouilles de nos bel-
les raiſons etymologiques,aprés quils
ont entendu la vertu de nos letres, ne
peuuent lire noſtre eſcripture,& ſommes icy blaſmes par eulx a bonne &
iuſte raiſon,principallement par les e-
ſtrangiers curieux dapprendre noſtre
langue:& nous reprochent que les letres ſont inuentees pour ſignifier les
parolles , mais que ceſt icy tout au re-
bours, & quil nous fault entendre les
parolles ſignifiees pour cognoiſtre les
ſignes . Par ainſi quand lès letres qui
ſont

nt les signes , declareront euidam-
ent sans ambiguite leurs significa-
ons , alors nous serons absous de ce
asme , & nostre escripture sera aisee
ux petits enfans , aux femmes, a tou-
s nations: voire seruira grandement
la lãgue Latine & Grecque, ausquel-
s nous apporterons les mesmes sons
ue nous aurons apris en nostre lan-
ue : Ou bien sil y a quelque different
omme en *u*,il sera entendu. Dauãta-
e oultre ceste verite & distinction
escripture , oultre ceste vtilite de la
ngue Grecque & Latine nous auions vng grand abbregement en re-
ranchant vne infinite de letres super-
ues. Voire ioseray biẽ maintenir, que
est icy vn singulier moyen de cõser-
er & perpetuer nostre langue : Car si
es Italiens ou Allemãs enuahissoient
ne aultre fois la Gaulle (cõme ils ont
aict au temps iadis)ils pourroient lire
par nos liures ainsi escripts , & pronõcer nostre lãgue , comme nous lisons,
& pronõceons la langue Hebraicque,
Grecque & Latine : combien quil ny

D iij

aye plus de peuple, ny Hebreu,
Grec, ny Latin. Ainſi par telle effic
ce ces lãgues ſuruiuent a leurs corp
& parlent clairement ſe faiſant ent
dre apres que ſes peuples ſont du to
eſtainᶜts & abolis. Que ſi dauéture
peuple Francois eſtoit icy au comm
cement refraiᶜtere ou reueche, no
luy dirons quil a veritablemét la ſo
ueraine authorite de ſa langue, langu
dy-ie louable ſur toutes langues po
ſon excelléte beaute & doulceur, ma
quil doit en tout & par tout vſer d
raiſon & proportion: comme Varro
le plus ſcauant de tous les Romains
treſdoᶜtement iuge. Dauantaige nou
luy ferons remonſtrance que le peu
ple neſt pas maiſtre de leſcripture, cõ
me de la parolle, ains que les Gram
mairiens & eſcriuains qui ont eſte a
temps iadis reputes ſages & bien en
tendus, & qui luy ont apris a lire & e
cripre, ſont tombes par la difficulte d
ceſte matiere en quelque cõfuſion, o
bien qui eſt plus vray ſemblable, quil
luy ont donne leſcripture cõuenable
aux

ux parolles, qui pour lors ſe pronon-
çoient, & que leurs parolles ſont chã-
gees : par ainſi quil conuiendroit ſem-
blablement changer leſcripture, &
accommoder a la vraie ſignification
de la parolle. En ce cas ſi nous trou-
uions trop grande reſiſtence, il con-
uiédroit de nous retirer aux plus ſca-
uants du peuple, & plus ſuffiſants iuges de ceſte queſtion, & leur expoſer
noſtre aduis, afin que ſils eſtimoiét có-
uenable, quils le fiſſent petit a petit
goutter & trouuer bon a vng chacun.
Les bonnes & grandes choſes ne ſont
iamais receues incontinent quelles
ſont inuentees, ains au contraire elles
ſont rebutees & debatues, puis en fin
finalle la verite eſt cogneue & honno-
ree. D. Et dia ſeroit il poſſible de re-
preſenter quelque eſchãtillon de ceſte
noüuelle draperie a nos marchants, a-
fin quils en deliberaſſent? P. Ouy bien
en ce meſme deuis, ceſt que nos propos ſoient eſcripts vis a vis : icy en leſcripture Grammairienne, la en la facon vulgaire : cóme voyes que les im-

primeurs font ordinairement es liures tranflates en oppofant loriginal a
fa tranflation. Or fus de par Dieu, que
ce parangon foit mis en auant, comme vng tableau de quelque Apelles
pour efcouter derriere le rideau le iugement des paflans. Car ie ne doubte
point que pour le commencement ils
ny trouuent bien a redire & aux pieds
& a la tefte.

Chap.

hapit.8.de la nota-
tion du nombre
des noms.

Sensuit dócques la
atió en lespece &
ire du mot. Espe-
cest pour scauoir si
not est primitif, ou
iuatif: comme vin
primitif,vineux est
iuatif. Figure cest
ar scauoir si le mot
simple ou compo-
cóme Amis, Dit,ce
mots simples : En-
mis, Contredict,ce
t mots composes.
vous aues vne grã-
felicite de compo-
on:comme Sauue-
rde, boutefeu, cou-
echef,bridoie,cure-
nt, chaussepied. D.
aymét ie recognois
ce poinct que no-

Çap. 8. de la nota-
sion du nombre
des noms.

p. Sensuit dōkes la
notasion en lespese,
e figure du mot.E-
spese set por savoer
si le mot et primi-
tif o derivatif: ko-
mevin et primitif,
vines et derivatif.
Figure set por sa-
voer si le mot et sim
ple o kōpoze:kome,
Amis, Dit, se font
mos simples. Ene-
mis, Cōtredit,se sot
mos kompozes. Isi
vos aves vne grãde
felisite de kōpozi-
sion,kome savegar-
de,botefe, kovrecef
bridoie, kuredent,
casepied. D. Vree-
mét je konoe en se

point κę noſtrę lă-
gę ęt bęꝟκꝟp plus
riçę κę la Romeinę,
κi ęt fort timidę
ęn telę κōpozision.
Vꝟs aves ęxpoze la
notasiō du mot, di-
tęs ęn lęs diferen-
sęs. P. Ęlęs ſont a-
vęκ nombrę ꝟ ſans
nombrę: avęκ nom-
brę, κant elęs notęt
avęκ lęr prinſipa-
lę ſiŋifikasion un
nōbrę ſingulier ꝟ
plurier: κomę Bon
ęt dę nombrę ſin-
gulięr, Bŏs dę plu-
rięr. Lę mot dę nō-
brę ęt fini ꝟ infini.
Fini κant il ſiŋifię
ſon nōbrę par ſęr-
tęinę ęrminezon:
κomę lęs ſęrfz κꝟ-
ręt. Infini ꝟ κŏtre-
rę: κomę Kꝟrir, Ęi-
mer

ſtre langue eſt bea
coup plus riche q
la Romaine, qui
fort timide en te
compoſition. Vous
ues expoſe la no
tion du mot, dictes
les differences. P.
les ſont auec nomb
ou ſans nombre: a
nombre, quand el
notét auec leur pr
cipalle ſignificatiō
nombre ſingulier
plurier: comme B
eſt de nombre ſin
lier, Bŏs de plurier.
mot de nōbre eſt fi
ou infinit. Finit q
il ſignifie ſon nom
par certaine ter
naiſon: cóme les c
courent. Linfinit
cótraire, cóme Co
rir, Aimer. Le mot
nombre eſt nom

rbe. Nom ceſt vng
ot de nombre auec
nre. Le plurier ad-
ute au ſingulier v-
S, comme Hóme,
ómes, femme, Fé-
es, veau, veaux, vaiſ
au, vaiſſeaulx, heu-
u, heureus, vertu,
rtus: laq laqs: loup,
ups: hanap, hanaps:
r fiers: chãp chãps:
on, bós: actif, actifs:
el, quels: lac, lacs:
ng, longs. T, & D,
nt amortis: com-
e Secret ſecrets, re-
et regrets, dét dés:
mant, aymants, dó-
ant donnans, plaid
aids, ſouldard, ſoul-
ards. A, final deuãt
, eſt changee en au
n ſupprimant L, có-
e cheual, cheuaulx
yal, loyaulx, royal

mer. Lę mot dę nõ-
brę et nom ʋ verbę.
Nom ſet un mot dę
nombrę aveκ jenrę.
Lę plurier ajʋtę ɑ
ſingulier unę S, κo-
mę Omę, omęs: fa-
mę, famęs: vęɑ, vę-
ɑs: veſęɑ veſęɑs: e-
re, eres: vertu ver-
tus: lac laκs: lʋ lʋs:
hanap, hanaps, fier,
fiers, çã, çãs, bõ, bõs,
actif actifs, κel κels,
laκ lax, lõg lonx. T,
e D, ſont amortis:
κomę ſegret ſegres,
ręgret regres, dent
dens, eimãt eimãs,
donant donãs, pled
ples, ſoldard ſol-
dars. A, final dęvãt
L, et çanje en ɑ en
ſuprimant l, κomę
çęval çęvɑs, loial
loiɑs, roial roiɑs.

Nos dizons aſi ſiel
ſies, viel vies, el
ies. Kelkęs nos ſont
ſelęmęt ſinguliers:
kome ſang, or, arjęt,
plom, etein, gre: kel-
kes uns ſont plu-
riers ſelęment, ko-
me plers: kelkęs nos
pluriers nę ſont poit
termines en s, kome
katrę, ſink, ſet, huit,
nef, onzę, dvzę, tre-
zę, katorzę, kinzę,
vint, e avtręs numę-
rvs.

Çap. 9. du jenrę des noms.

Lę jenrę et ma-
ſkulin v fęmę-
nin: Si lę nom kon-
vient a malę, il et
maſkulin, ſil kon-
vient a la fęmęlę, il
et fęmęnin: kome
Pierrę, Ianę, Sęnęr,

Da

royaulx. Nous diſo
auſſi, Ciel cieux, vi
vieulx: œil, yeu
Quelques noms
ſeulemét ſingulie
côme Sang, or, arg
plomb, eſtain, gr
Quelques vns ſo
pluriers ſeulemét,
me Pleurs: quelq
noms pluriers ne
point termines en
comme quatre, ci
ſept, huict, neuf, or
douſe, treſe quator
quinze, vingt, & a
tres numeraulx.

Chap. 9. du genr des noms.

LE gĕre eſt maſc
lin ou femenin:
le nom conuient
maſle, il eſt maſcul
ſil cóuiét a la fem
le, il eſt femenin,
me Pierre, Iĕăne, S
gne

eur, Dame, Roy,
yne.
Les noms darbres
t masculins, de
icts sõt femenins,
villes sont tantost
ng, tantost dautre,
mõnoye sont ma-
lins: cõme pom-
er, poirier, serisier,
mme, poire, serise:
ris est grãd, Troye
marchande.

ston, escus, sauf,
ille, portugalloise.
uelques reigles se
uuét dresser pour
masculin, comme
plus frequét selon
letres finales en
ceptant les feme-
ıs.

A. Bras, las, lassüs, a-
ıs, tas, cumulus,
s, casus.
Au. Chappeau, mã-

Damę, Roė, Rėinę
Lės noms d'abrę
sont maſkulins, dę
fruis sõt fęmęnins,
dę vilęs sont tanto
d'un, tanto d'ɑtrę,
dę monoię sont ma-
ſkulins, komę po-
mier, poerier, ſęri-
zier, pomę, poerę, ſe-
rizę, Paris ęt grãd,
Troię ęt marçandę.

Teſton, ėku, ſɑf
malę, portugaloėzę.
Kėlkęs reglęs ſę pe-
vęt dręſer por lę
maſkulin, komę lę
plus frėkent ſęlon
lės lętręs finalęs ęn
ėxeptant lės fęmę-
nins.

A. Bra, la, laſſus, a-
ma, ta, cumulus, ка,
caſus.
N. Çapęɑ, man-

tçau,pinsçau,sauf pçau,
çau.

Ç. Ofisç bçneficç:e
semblablçs netrçs
en Latin,sauf etablç.
Item justisç,malisç,
e autrçs semblablçs
femçnins en Latin,
sauf item imajç, ta-
blç, sauf e,adç, ba-
stonadç, &c. sauf ç-
peç,meleç, maladiç,
sotiç jeuesç,vielesç,
mçzurç, torturç,por
riturç, va,antizç,
marçandizç.

E. Ble, le, latus,
duçe, konte, klerje,
konje,sauf liberalite,
fidelite,verite,e sem
blablçs.

E. Mare, pale, e-
moe,efroe,poe, pon-
dus, sauf loe, fore,
poe,pix,voe,pe.
            E.

teau,pinseau,sauf p
au,eau.

E.Office,benefic
& semblables ne
tres en Latin, sauf
table. Itē iustice m
lice, & aultres ser
blables femenins
Latin,sauf. Itē im
ge,table,sauf œillac
bastonnade,&c. sa
espee, meslee, mal
die, sottie, ieunes
vielleffe, mesure,tc
ture, pourriture,va
lantise,marchand

E. ble,lay,latus,c
che,côte, clerge,c
ge, sauf liberalite,
delite,verite, & se
blables.

E. Mares,palays,
mois,effrois,pois,
dus, sauf loix,fois,
rest, poix, pix, v
paix.

u. Lieu, ieu, feu,	*El. Lie, je, fe.*
eu.	*Die.*
Amis, maris, ris,	*I. Ami, mari, ri,*
, pais, pris , fauf	*kri, pai, pri, fauf mer-*
rcy , brebis, vis,	*fi, brebi, vi, perdri.*
dris.	
O.Os, roſt, los, laus,	*O. O, ro, lo, laus, do,*
, bros, pot.	*bro, po.*
Ou. Tou, troux,	*U. Tu, tru, mu,*
ulx , mulsũ, clou.	*mulfum, klu.*
. Fetus, cocus, fauf	*U. Fetu, koku, fauf*
ous, vertus.	*tribu, vertu.*
. Char, fer, defir,	*R. Çar, fer, er,*
ır, malheur, hon-	*maler, oner, pler, e*
ir , faueur, pleur,	*femblables, dezir,*
femblables , defir,	*trezor, mur, fauf a-*
for, mur, fauf a-	*mur, oder, çaler,*
ur, odeur, chaleur	*faver, fler, fraier,*
eur, fleur, fraieur,	*hater.*
alteur, mer, mur.	*L. Mal, miel, fiel,*
. Mal, miel, fiel.	*M. Çams, nom,*
M. Champs, nom,	*Cam , plom , fauf*
p, Plom, fauf feim.	*feim.*
N. Chien, chemin,	*N. Çien, çemin,*
in, butin, foin, foin,	*pein, butin, foin,*
in, chanſſon, char-	*foin, koin, çanfon,*

çardon, çaton, ékuſon, tizŏ, ſauf, mein, nonein, putein, fin, rezon, çanſon, faſon, mezon, prizon, moniſion, exortaſion, e ſemblablęs.

F. Çef, meçef, etrif, ſauf ſoef, nef.

T. eimant, çantant, ſauf mort, hart, dent, part. Lę fęmęnin et forme du maſkulin en ajʊtant ę, komę, eime, eimeę, bati, batię, fin finę, brŭ, brunę, fier, fierę, grek, grekę, bęaʊ ʊ bel, belę, nʊvęaʊ ʊ nʊvel, nʊvelę, męzęʊ, męzelę, damoezęʊ, damoezelę, ſauf dʊ, dʊſę, faʊ, faʊſę. Itē ʊrʊ, ʊrʊzę, vertuʊ, vertuʊzę. Franſoe, Frãſoezę,

don, chattŏ, ecuſ[ſon]
tiſon, ſauf main, [
nain, putain, fin, [
ſon, chanſon, fac[
maiſon, priſon, [
nition, exhortati[
ſemblables.

F. Chef, meche[
trif, ſauf ſoif, nef.

T. amant, chan[
ſauf mort, hart, d[
part. Le femenin[
forme du maſc[
en adioutant e, có[
ayme, aymee, b[
baſtie, fin fine, br[
brune, fier, fiere, g[
grecque, beau ou [
belle, nouueaulx, [
nouuel, nouuelle, [
ſeau meſelle, dam[
ſeau, damoiſelle, [
doulx doulce, fa[
faulce. Item heur[
heureuſe, vertu[
vertueuſe, Franc[
Fr[

rancoiſe, Gaulloys,
aulloyſe. Ité, Sauf
ulue, vef, vefue,
ief, briefue, hatif,
atiue,ſerf,ſerue,vif,
ue,ſec,ſeche,franc,
anche,blanc, blan-
he,larron, larroneſ-
, hoſte, hoſteſſe,
oy,Royne, maiſtre
aiſtreſſe , Prince,
rinceſſe , prebſtre,
rebſtreſſe,Dieu,de-
ſe, Duc, Ducheſſe,
lerc , clergeſſe, tu-
eur,tutrice,pecheur
echereſſe. Les adie-
tifs en e ſont de có-
mun genre : comme
onneſte,celeſte, iu-
te,affable, teſmoing
ſt auſſi commun .
Quelques nós ſoubs
ng genre compre-
nent deux ſexes: có-
ne paſſereau, lieure,

zę, gʋloe, gʋloezę.
Item,Sauf,ſavvę,veſ,
vevę, brief, brievę,
hatif, hativę, ſerf,
ſervę, vif,vivę, ſeκ,
ſeçę, franκ, françę,
blanκ, hlançę, lar-
ron, larroneſę, otę,
oteſę, Roe, Reinę,
metrę,metreſę, Prĭ-
ſę, Prinſeſę, pretrę,
pretreſę, Diu,deeſę,
Duκ, Duçeſę,κlerκ,
κlerjeſę, tuter, tu-
triſę, peçer, peçereſ-
ſę. Les ajeκtifs en ę
ſont dę κomun jen-
rę:κomę onętę, ſęle-
ſtę, juſtę, afablę, te-
moin et avſi κomκn.
Kelkęs noms ſʋs un
jenrę κ̄oprenęt des
ſexęs : κomę paſę-
reʋ, lievrę, heron,
broçet, turbot, ſʋ lę
jenrę maſκulin : lă-

E

proi̧e, angi̧le, alu̧ete,
fau̧ete, kale, perdri
s̷ le femenin. Tels
sont preskes les nos
de tos animaus.

D. Serteinement se-
te gramere des jen-
res et bien diferen-
te de la gramere
Latine, e semble bie
ke nos frasoes kom-
bien kils eiet plu-
ziers mos du La-
tin, totefoe kils les
ont abiles a la fran-
soese por ni reko-
noetre rien d'etran-
jer, eins por les a-
francir e naturali-
zer. Or porsuivons.

P. De la diferense
du jenre, le nom et
sustantif u ajektif.
Sustantif, ki et d'un
sel

heron, brochet, tu
bot soubs le masc
lin genre, lamproy
anguille, alouett
fauuette, caille, pe
drix soubs le feme
nin. Tels sont pre
ques les nos de to
animaulx. D. Certa
nement ceste gra
maire des genres e
bien differente de
grãmaire Latine,
semble bien que n
Francois, combie
quils ayent plusieu
mots du Latin, to
tefois quils les o
habilles a la Frãco
se, pour ni recogno
stre rien destrange
ains pour les afra
chir & naturalise
Or poursuiuõs. P. D
la difference du ge
re, le nom est subst

fou adiectif. Sub-
ſtātif,qui eſt dun ſeul
ĕre:& ſileſt propre,
ſeſcript au cómen-
ement par vne grā-
e letre, cóme Char-
es. Vingt eſt touſ-
ours plurier, adie-
tif: cóme vingt hó-
mes: Quād il ſe faict
ſubſtātif, il chāge T,
n S, cóme: Quatre
ingts, ſix vingts,
quinze vingts: Cent
ſt ores ſubſtantif, &
diſons nous, vng cēt,
deux cēts, trois cēts:
ores il eſt adiectif de
elle condition, que
vingt: cóme cent hó-
mes,cent cheuaulx.

  Article ceſt vng nó
qui faict au ſingulier
maſculin,le,au feme-
nin, la, pour le plu-
rier de lung & de lau

ſel jenrę: e ſ'il et
proprę, il ſ'ekrit a
komenſęment par
unę grandę letrę,
kome Çarlę. Vint
et tojor plurier, aje-
ktif, komę vint o-
męs: Kant il ſę fet
ſuſtantif il çanję T,
en S, komę, Katrę-
vins, ſis vins, kin-
zę vins: Sent et o-
ręs ſuſtantif, e di-
zons nos, un ſent,
des ſens, troes ſens:
oręs il et ajektif dę
telę kondiſion kę
vint: komę ſent o-
męs,ſent çęvas.

Artiklę ſ'et un nom
ki fet a ſingulięr
maſkulin, le, a fę-
męnin, la,por lę plu
rier dę l'un e dę l'a-
trę il fet les. Lę jen-

re et komunęment
deklare par l'arti-
kle singulier.

Çap.10. dę la kom-
parezon e dimi-
nusion des noms.

D.*Set' artikle nos*
et komun avek les
grex, e m'aten bien
kę vos en dires plus
amplement en son
lię . Dites dę la
komparezon, e di-
minusion. P. *Kel-*
kęs noms reşoevęt
komparezon, e di-
minusion. La kom-
parezon et suppliç
par sirkonlokusion,
komę saję por lę po-
zitif , plus v moin,
saję por lę kompa-
ratif , tres-saję por
lę superlatif.Ilustri-
si-

tre,il faict les. Le g
re est communem
declare par lartic
singulier.

Chap.10.de la con
paraison & dim
nution des nom

D.Cest article nou
est commun auec l
Grecs, & mattens b
q̃ vous en dires pl
amplement en fo
lieu. Dictes de la c
paraison & dimin
tió. P. Quelques n
recoyuét compara
son & diminutió. L
comparaison est fu
pliee par circonlocu
tion : comme faig
pour le positif, plu
ou moins faige pou
le comparatif,treffa
ge pour le superlati
                    L

uftriffime, inuictif-
ne, doctiffime, re-
rendiffime, fentét
g Latinifme que le
ancoys ne peult
utter, & encore
oins digerer : tou-
fois nous en auons
e du Latin quel-
ies vns, cóme meil-
ur, pire, moindre,
perieur, inferieur,
aieur daage, mi-
eur daage. La dimi-
utió eft prefques en
ois terminaifons,
u, on, et.

Au, arbre, arbrif-
eau, table, tableau,
re, preau, lieure, le-
raut.

On. Efcu, efcuf-
on, leurier, leuron,
alee, valon, Pierre,
ierror, Pierroton,
eanne, Ieãnette, Iã-

*fimę, inviktifimę,
doktifimę, reveren-
difimę, fentęt un
latinifmę kę lę Frã-
foę nę pęt goter, e
ęnkoręs moin dije-
rer, totefoę nos en a-
vons tire du Latin
kelkęs uns, komę
męljer, pirę, moin-
drę, fupérier, infe-
rier, majer d'aję,
miner d'aję. La di-
minufion et prefkęs
en troes termine-
zons, av, on, et.*

*Av, abrę, abrifęv,
tablę, tablęv, pre
prev, lievrę, lęvrav.*

*On. Eku, ekufon,
valęs, valo, lęvrier,
lęvron, Pierrę, Pier-
rot, Pieroton, Janę,
Janęttę, Janęton,
Madęlęinę, Madę-*

lon, Mariȩ, Marion,
Margȩritȩ, Margot.
Et, Jardin, jardi-
nȩt, molin, molinet,
noȩr, noȩret, grand,
grandȩt, grandȩlet:
Ainſi, mȩzon, me-
zonȩtȩ, famȩ, famȩ-
letȩ. D. Sȩtȩ kompa-
rȩzon ȩt plus tot dȩ
ſintaxȩ, kȩ d'ȩtimo-
lojiȩ: la diminuſion
tȭtȩfoȩ ȩt vrȩment
nominalȩ: mȩs kȩ
ditȩs vȭs dȩs pro-
noms?

Ҫap. 11. dȩs pro-
noms.

P. Dis noms ſont
iſi apȩles pronoms:
dont lȩs troȩs ſont
dȩ jenrȩ komun: lȩ
prȩmier ȩ ſȩkȭd de-
monſtratif, lȩ troȩ-
zie-

netton, Magdelai...
Magdelon , Mar...
Marion, Margueri...
Margot.

Et, Iardin, iardin...
moulin , moulin...
noir, noiret, grar...
grandet : Ainſi, m...
ſon , maiſonnett...
femme, femmelet...
D. Ceſte compar:...
ſon eſt plus toſt ...
ſyntaxe , que det...
mologie : la dimin...
tiõ toutefois eſt vra...
mȇt nominalle: ma...
que dictes vous d...
pronoms.

Chap. 11. des pro-
noms.

P. Dix nõs ſont ic...
appelles pronõs : dõ...
les trois ſont de gen...
re commun : le pre...
mier & ſecõd demõ...
ſtrarif, le troiſieſm...
re

atif, & semblent us auoir quelques s,nominatif, geni-,datif,accusatif,vo-tif,ablatif.

Le premier sans vo. t. a par tout au sin-il. moy, & au nom. ,au Dat.& Accusa. oy:au plur.Nous. Le secód á au sing. oc. Tu,au reste par out,Toy,& au nom. u,au Dat.& ac. Te, u Plurier,Nous. Le troisiesme a seu-ement au Sing. Ien. Dat.Accus.Abl.Soy: u Dat.& accu.Se,au lur.Dat.& accu.Se.

D. Par ainsi, Ie, se rouue en vng cas: Tu, Me, Te, Se, en deulx:Soy en quatre:

ziemę ręlatif: e sem blęt tʋs avoer kelkę ka,nominatif,jeni-tif, Datif, Akuza-tif, vokatif,ablatif.

Lę premier sans vok.a par tʋt ɑ sing. moe e au nom. Ję,ɑ Dat.e Akusa.Mę: ɑ plurier,Nʋs. Lę sękŏd á ɑ sing. vok. Tu,ɑ restę par tʋt Toe, e ɑ nom. Tu,ɑ Dat.e aku.Tę, ɑ Plurier,Nʋs. Lę troeziemę a selęment ɑ singul. Ien. Dat.Akus.Abl. Soe:ɑ Dat.e aku. Sę ɑ plur.Dat.e ak.Sę.

D. Par einsi,Ię,sę trouvę en un ka:Tu Mę, Tę, Sę, en des: Soe, en katrę, moe,

E iiij

toé, nos, en sink: Vos
en sis. P. S'et bien a-
vizé a vos. Lę ka-
trięmę et demõstra-
tif aßi bien kę, Ję, é
Tu. Sę, ʋ Sętmaßku-
lin: Sętę fęmęnin a
singulier. Ses ʋ Sęs,
por l'un é l'autrę a
plurier. Dont sont
derives, Sętui, sętui-
si, sętuila, Sęsi, sęla:
Sętęsi sętęla. Les dęs
suivans sõt relatifs.
Lę sinkięmę s'et a
singulier: Il, ʋ lui, no
minatif: lui aßi je-
nitif, datif, akuza-
tif, ablatif, por lę
maßkulin: ęlę par
tot, é lui a datif por
lę fęmęnin: ler dę
tot ka é jęnrę, kom-
bien kę les Grame-
riens lę faßęt plu-
rier: a plurier, Ils, ʋ
es,

Moy, toy, Nous e
cinq: Vous en six.
Cest bien aduise
vous. Le quatriesm
est demõstratif au
bien que, Ie, & T
Ce ou cest masculi
Ceste femenin au s
gulier. Ces, pour l
& pour lautre au pl
rier: dont sont de
ues, Cestuy, cestuic
cestuyla: cecy, cel
cestecy, cestela. L
deulx suiuants so
relatifs. Le 5. cest a
singulier, Il, ou lu
nominatif: luy au
genitif, datif, accus
tif, ablatif pour le m
sculin: elle par tou
& luy au datif pour
femenin: leur de to
cas & genre, comb
que les Grammairi
le fassent plurier: a
plu

rier. Ils, ou Eulx,
minatif, eulx, auſſi
nitif, datif, accuſ.
latif, pour le feme-
n. Leurs de tout cas
gẽre. De Ce & luy,
& Elle ſont cõpo-
, Celuy, celle, Icel-
y, icelle. Le ſixief-
e, ceſt Qui, que, de
ut nombre, cas &
enre. Quel pour le
afculin, ſingulier:
uelles au plurier:
infi quelle, quelles
our le femenin.
uoy accuſatif & a-
atif. Les trois ſuiuãs
nt poſſeſſifs. Le 7.
ing. Mon, miẽ, ma-
ulin: Ma, mienne,
menin; au vocatif,
ló & ma: Plur. Miẽs,
afculin, Miẽnes fe-
enin, Mes pour
ung & lautre. No-

es, nominatif, es aſſi
jenitif, datif, aku-
zatif, ablatif: elęs
par tʋt pʋr lę fęmę-
nin. Lʋrs dę tʋt ka e
jenrę. Dę Sę e lui, Il,
e, Elę ſont kompo-
zez Sęlui, ſelę, Iſę-
lui, iſelę. Lę ſizięmę
s'et Ki, kę, dę tʋt nŏ-
brę, ka, e jenrę. Kel
pʋr lę maſkulin ſin-
gulier: kels w plu-
rier: Einſi kelę, kelęs
pʋr lę fęmęnin. Koe
akuzatif e ablatif.
Les troes ſuivãs ſont
poſęſifs. Lę ſętięmę
ſingul. Mon, mien,
maſkulin: Ma mie-
nę, fęmęnin: w voka-
tif, Mon e ma: Plur.
Miens, maſkulin,
Mienęs, fęmęnin,
Mes pʋr l'un e l'a-
trę. Notrę komun.

Le uitiemę e nevie-
mę sę sont Ton,tien,
Ta,tienę : Votrę ko-
mun : Son, sa, Sien,
sienę sans vokatif: a
restę tot semblablę
a setiemę. Lę dizie-
mę s'et un pronom
reiteratif. Memę a
singulier, Memęs a
plurier.

Çapit. 12. du ver-
bę e dę ses tams
e persones.

D. Voela unę brie-
vę etimolojię nomi-
nalę par trop plus e-
zeę kę l'etimolojię
dęs Grex e dęs La-
tins. Il fat un lon
tam por aprendrę
lers deklinezons,
lers anomavs, lers
jen-

stre cõmun. Le h
ctiesme & neufies
se font Ton,tien,
tienne: Voftre co
mun: Son,fa,fien,
ne fans vocatif,au
fte tout femblable
feptiefme. Le dixi
me ceft vng pronc
reiteratif. Mefme
fingulier, mefmes
plurier.

Chapit. 12. du ver
& de fes temps
perfonnes.

D. Voila vne bri
ue etymologie no
nalle par trop p
aifee que letymo
gie des Grecs &
Latins. Il fault v
long temps pour
prendre leurs de
naifons, leurs a
ma

aux, leurs genres, ue vous aues com- ris en vng momét. desirerois grande- ent vne semblable octrine des verbes. Ce desir vous pour- oit bien estre com- un auec plusieurs e vos condisciples: yes seulement at- ntifs. Ie prendray eine de vous satisf- ire. Le verbe cest ng mot de nombre ec téps & person- e. Temps cest la dif rence du verbe se- n le present,prete- ,futur. Le verbe fi- y a trois temps im- rfaicts & vng par- it. Des trois impar- icts, le present est uadruple, le pre- ier comme Amo,

jenres, ke vos aves kompris en un mo- ment. Ie desireroe gradement une sem blable doktrine des verbes. P. Se dezir vos porroet bien e- tre komun avek plu ziers de vos kondi- siples : Soies selę- ment atentifs. Ie prendre peine de vos satisfere.Le ver be set un mot de nombre avek tam e persone. Tam set la diferense du verbe selon le prezent,pre- terit,futur. Le ver- be fini á troes tams imparfes e un par- fet. Des troes im- parfes, le prezent et kadruple:le premier kome,Amo,cime: le sekod kome,Amem,

Eimę : Lę troęzie-
mę ę katrięmę ſont
kome Amarem, Ei-
meroę, Eimaſę. Lę
pretęrit, komę A-
mabam, Eimoę, ę dę
ręçef, Amarem, Ei-
moę. Lę pręmięr fu-
tur, komę : Amabo,
Eimęre. Lę ſękond:
Ama, amato, Eimę,
ęimę. Les troęs dęr-
nięrs pręzęns ſont
aſi futurs : Lę tam
parfęt ęt pretęrit, ę
ęt komę Amavi, Ei-
me. Dę ſęs tams lęs
uns ſont oriſtęs, ſęt
a dirę dę kęlkę tam
prefix, komę a ſętę
ęrę, lors kę:tęls ſont
lęs katrę pręzęns, ę
l'imparfęt pretęrit:
Lęs dęs futurs im-
parfęs ſont oriſtęs :
Lę pretęrit parfęt ęt

ayme : le ſecód co
me Amem, Aime:
troiſieſme & quatr
me, ſont comme,
mare, Aymeroie, A
maſſe. Le preterit
me Amabā, aymo
& de rechef Ama
aymoie. Le premi
futur, cóme Amab
aymeray. Le ſecon
Ama, amato, Aym
ayme. Les trois de
niers preſés ſont a
ſi futurs. Le téps p
faict eſt preterit,
eſt cóme: Amaui,a
me.De ces temps
vngs ſót aoriſtes, c
a dire de quelq
temps prefix:cóm
ceſte heure, lors q
Tels ſont les quat
preſens,& limparf
preterir. Les deux
turs imparfaicts ſo

tan-   a

riftes : Le preterit
rfaict eft tātoft lúg,
ntoft lautre, cóme
a dict apres . Les
tres tēps parfaicts,
mme Amauerim,
nauiffem, Amaue-
, fexpriment par
ntaxe , de laquelle
a parle en ſō lieu.
verbe infini eft
rpetuel ou geron-
.Le perpetuel pre-
t eft cóme aymer,
ir , cognoiftre, ba-
r.Le perpetuel pre
rit eft femblable au
eterit fini parfaict,
mme ayme,ayme,
u,veu,cogneu,co-
eu,bafti,bafti.Lin-
i gerōdif eft com-
e aymant , voyant,
gnoiffant,baftiffāt.
verbe paffif fex-
ime par periphra-

tanto l'un , tanto
l'avtrę,komę sęra dit
apres. Lęs avtręs tās
parfés, komę Ama-
verim , amaviſſem,
amavero s'exprimęt
par Sintaxę ; dę la-
kelę sęra parle en
son lie.Lę verbę in-
fini et perpetuel , ȣ
jerondif. Lę perpe-
tuel pręzent et ko-
mę, éimer, voer,ko-
noetrę,batir. Lę per
petuel preterit et
semblablę av prete-
rit fini parfet, komę
Éimę,éimę, vu,vu,
konu,konu, bati,ba-
ti. L'infini jerondif
et komę Éimant,
voiant , konoesant,
batisant. Lę verbę
pasif s'exprimę par
perifrazę , einsi kę
les tams suſdis,dont

ſęra aſi parle w lie-
mémę. Perſonę ſ'et
unę ſpeſialę diferen-
ſę du nombrę ver-
bal, la kelę et triplę
en l'un e l'avtrę nô-
brę: komę Éimę, éi-
męs, éimę, éimons,
éimes, éimęt. Lę
verbę et divize dò-
blęment par la dife-
renſę dę la perſonę:
premieręment en
perſonel e imperſo-
nel. Perſonel ſ'et ſę-
lui ki et konjuge par
troes perſonęs:komę
Éimę, éimęs, éimę.
Imperſonel ki et kô-
juge ſeulęment par
la troeziemę perſo-
nę,komę,Favt,Çavt.
Sękôdęment lę ver-
bę et dę formę akti-
vę vnevtrę. Lę ver-
bę aktif ſ'et ſęlui ki
pet

ſe, ainſi que les tê
ſuſdis, dont ſera au
parle au lieu meſn
Perſóne ceſt vne ſ
cialle difference
nôbre verbal,laqu
le eſt triple en lu
& lautre nombre:
me, Ayme, aym
ayme, aymós,aym
ayment. Le verbe
diuiſe doublem
par la differéce d
perſonne. Premie
ment en perſonel
imperſonel.Perſo
ceſt celuy qui eſt
iugue par trois p
ſonnes: cóme aym
aymes,ayme.Imp
ſonel qui eſt côiu
ſeulemét par la tr
ieſme perſonne:
me, Fault,Chault.
côdemét le verbe
de forme actiue

n

tre. Le verbe a-
, cest celuy qui
alt former vn par-
pe preterit : com-
, Ayme, forme le
ticipe, Ayme, ay-
e. Le verbe neu-
cest celuy qui ne
alt former vng par
pe preterit: côme
re, Dormir, Men-
, formét feulemét
ât, Dormât, métât.

hapit. 13. des participes.

o. Nous auons icy
omme ie vois, vne
nde difference es
mps & gênres ver-
ux. Ny a il poinct
nô forme du ver-
p. Le participe en
forme, & en est
urtant ainfi nôme,
il eft nom partici-

*pet former un par-
tifipe preterit: kome
Éime, forme le par-
tifipe, Éime, eimee.
Lę verbę netrę fet
felui ki nę pet for-
mer un partifipę pre
terit : kome, Rirę,
Dormir, Mentir,
formęt felęment,
Riant, Dormant,
mentant.*

Capit. 13. des partifipęs.

D. *Nos avons ifi
(kome ję voe) unę
grandę diferenfę es
tams e jenręs ver-
bas. Ni á il point
dę nom forme du
verbę? P. Lę partifi-
pę en et forme, e en
et portant einfi no-
me, kil et nom par-*

tiſipant du verbę en
tam e formę. Lę par-
tiſipę aktif et tojor
pręzent, e et prin du
jerondif, komę Ei-
mant por lę maſku-
lin, Eimantę por lę
femęnin. Nos di-
zon's aſi Amant,
kombien kę Amer
nę ſoet en uzaję. Lę
partiſipę paſif et pri
du parfet preterit
infini, komę, Eime
por lę maſkulin, e
por lę femęnin, Ei-
meę. Einſi, Bati, Ba-
tię.

Çap. 14. dę la prę-
mierę konju-
gęzon.

D. L'etimolojię du
partiſipę et enkorę
plus brievę kę du
verbę, kar vos n'a-
ves

pāt du verbe en t
& forme. Le parti
pe aktif eſt touſio
preſēt, & eſt prins
geródif, comme A
ınant pour le maſ
lin, Aymante pou
femenin. Nous di
auſſi Amāt, comb
que Amer ne ſoit
vſaige. Le partie
paſſif eſt prins du
faict præterit inſi
comme Ayme p
le maſculin, & p
le femenin, Aym
Ainſi, Baſti, Baſtie

Chap.14. de la pr
miere coniu-
gaiſon.

D. Letymologie
participe eſt enco
plus briefue que
verbe, car vous

es point de futur :
uest-ce qui sensuit?
Cest la cõiugaison
ui est la variatiõ du
erbe, selõ les temps
z personnes. La cõ-
ugaison est diuisee
ulgairemét en qua-
re especes par les
erminaisons du pre-
erit infini : pour sca-
oir si ceste diuision
st legitime, la re-
herche & obserua-
ion de tous les ver-
bes en feroiét le vray
ugement : mais cela
e pourra faire quãd
nous aurons vng di-
ionaire Frãcois cõ-
plet:Ce pendãt nous
diuerons lordinaire.
La premiere coniu-
gaison cest celle qui
a linfini en er, & se
coniugue ainsi.

ves point dę futur:
ʁ'et sę ʁi s'ensuit? p.
S'et la ʁonjugęzon
ʁi et la variasion du
verbę sęlon lęs tams
e persones . La ʁon-
jugęzon et divizeę
vulgeręment en ʁa-
trę espeęs par lęs
terminezõs du pre-
terit infini : por sa-
voer si sętę divizion
et legitimę:la ręçer-
çę e observasion dę
tos lęs verbęs en fę-
roet lę vre juję-
ment : męs sęla sę
porra fere ʁant nos
avrons un dixionerę
Fransoe ʁomplet: Sę
pendant nos suivę-
rons l'ordinerę. La
pręmierę ʁonjugę-
zon s'et sęlę ʁi a
l'infini en er, e sę
ʁonjugę einsi.

F

Éimę éimęs éimę,
Éimons éimes éimęt.
Éimę éimęs éimę,
Éimions éimies éimęt.
Éimęroe éimęroes éimęroet,
Éimęrions éimęries éimęroet.
Éimafę éimafęs éimat,
Éimafions éimafies éimafęt.
Éimoe éimoes éimoet,
Éimions éimies éimoet.
Éimęre éimęras éimęra,
Éimęrons éimęres éimęront
Éimę éimę,
Éimons éimes éimęt.
Éime éimas éima,
Éimamęs éimatęs éimęręt.
Éimer éime éimant.

D. Donkęs lę pręmier e sękond pręzent n
diferęt кę dę deʒ personęs, eimons, e
mios, eimes eimies. Il femblę кę les tierfęs pe
fonęs av singulier e plurier du troeziemę prę
zent, e du preterit imparfet, eimoet, eimoe
eimęroet, ęimęroet, nę diferęt en rien: kome a
fi femblę кę lę sękond futur n'eit rien dę pro
pre, eins к'il emprutę du premier e sękond prę
zent. P. Il et vre, fauf кę eimoet, e eimęroet,

Ayme aymes ayme,
  Aymons aimes aiment.
Aime aimes aime,
  Aimions aimiez ayment.
Aimeroie aimerois aimeroit,
  Aimerions aimeries aimeroient.
Aimasse aimasse aimast,
  Aimassions aimassies aimassent.
Aimoie aimois aimoit,
  Aimions aimies aimoient.
Aimeray aimeras aimera,
  Aimerons aimeres aimeront.
Aime aime,
  Aimons aimes aiment.
Aimay aimas ayma,
  Aimasmes aimastes aimerent.
    Aimer aime aimant.

D. Doncques le premier & secõd present ne different que de deux personnes, Aimons, imions, aimes, aimies. Il semble que les tierces personnes au singulier & plurier du troisiesme present, & du præterit imparfaict, aimoit, aimoient, aimeroit, aimeroient, ne different en rien : comme aussi semble que le second futur ayt rien de propre, ains quil emprunte du premier & second present. P. Il est vray, sauf que aimoient, & aimeroiét au plurier ont laccent cir-

conflex fur la derniere. Dauátage il fault icy e
tendre que la premiere perfonne du præter
parfaict felon le vulgaire eft formee par I,
que les aultres perfonnes changent a en I,con
me auffi au troifiefme præterit imparfaict,con
me, Aimi aymis aymi, &c. Aimiffe aimiffes a
miffe. La penultiefme voyelle fimple longue a
præfent eft briefue au præterit parfaict, comm
iappelle,iay appelle,Ie frappe,iay frappe. D.
cognois lanalogie de cefte coniugaifon, nat el
point danomalie? P. Elle a plus de fix cents ve
bes primitifs tous reguliers & conformes
coniugaifon,voire en contant feulement, ceu
qui font nombres es dictionaires. Elle a au
quelques irreguliers,comme.

Vay vas va,
  Allons allez vont.
Aille ailles aille,
  Allions allies aillent.
Iroye iroys iroit,
  Itions iries iroient.
Allaffe allaffes allaft,
  Allaffions allaffies allaffent.
Alloye alloys alloyt,
  Allions allies alloyent.

riȩr ont l'axȩnt ſirκonflȩx ſur la dȩrnierȩ.
avantajȩ il fʋt iſi entendrȩ κȩ la premierȩ
rſonȩ du preterit parfȩt ſȩlon lȩ vulgȩrȩ et
rmȩȩ par I, e κȩ lȩs aʋtrȩs perſonȩs çanjȩt a,
I, κomȩ aʋſi aʋ troȩziemȩ preterit imparfȩt,
mȩ Ȩimi ȩimis, ȩimi, &c. Ȩimiſȩ ȩimiſȩs ȩi-
iſȩ. La penultimȩ voielȩ ſimplȩ longȩ aʋ pre-
nt et brievȩ aʋ preterit parfȩt, κomȩ j'apelȩ,
apelȩ, jȩ frapȩ j'e frapȩ. D. Iȩ κonoȩ l'analo-
ȩ dȩ la premierȩ κonjugȩzon, n'at elȩ point
anomaliȩ? P. Ȩlȩ a plus dȩ ſis ſȩns verbȩs pri-
itifs tʋs reguliȩrs e κonformȩs en κonjugȩ-
on, voȩrȩ en κontant ſȩlȩment ſeʋs κi ſont
ombres es dixionȩrȩs. Ȩlȩ a aʋſi κelκȩs irre-
uliȩrs, κomȩ.

　Voȩ vas va,
　　Alons ales vont.
　Alȩ alȩs alȩ,
　　Alions alies alȩt.
　Iroȩ iroȩs iroȩt,
　　Irions iriȩs iroȩt.
　Alaſȩ alaſȩs alat,
　　Alaſions alaſiȩs alaſȩt.
　Aloȩ aloȩs aloȩt,
　　Alions aliȩs aloȩt.

F iij

Iray iras ira,
  Irons ires iront.
Va aille,
  Allons alles aillent.
Allay allas alla,
  Allafmes allaftes allerent.
          Aller, allant.
Sue fuons fui fuer.

Chapitre quinziefme de la feconde coniugaifon.

D.Or bien, venons a la feconde coniugaifo
P. La feconde coniugaifon ceft celle qu
linfini præfent en oer & eft prefques en chac
verbe irreguliere.

  Voy vois voit,
    Voyons voyes voyent.
  Voye voyes voye,
    Voyons voyez voyent.
  Voyroye voyrois voyroit,
    Voyrions voyries voyroient.
  Veiffe veiffes veift,
    Veiffions veiffiez veiffent.
  Voyoie voyois voyoit,
    Voyons voyes voyoient.

Ire iras ira,
  Irons ires iront.
Va alȩ,
  Alons ales alȩt.
Ale alas ala,
  Alamȩs alatȩs alerȩt.
        Aler, ale, alant.
Suȩ suons sui suer.

Çapitrȩ kinziȩmȩ dȩ la sȩkondȩ konjugezon.

D. Or biȩn, vȩnons a la sȩkondȩ konjugezon. P. La sȩkondȩ konjugezon s'ȩt sȩlȩ
i a l'infini prȩzȩnt ȩn oer e ȩt prȩskȩs ȩn ça-
kun vȩrbȩ irrȩguliȩrȩ.

Voe voȩs voȩt,
  Voions voies voiȩt.
Voiȩ voiȩs voiȩ,
  Voions voiȩs voiȩt.
Voeroe voeroȩs voeroȩt,
  Voerions voeriȩs voeroȩt.
Visȩ visȩs vit,
  Visions visiȩs visȩt.
Voioiȩ voioȩs voioȩt,
  Voions voiȩs voioȩt.

F iiij

Voẹre voẹras voẹra,
   Voẹrons voẹres voẹront.
Voẹ voiẹ,
   Voions voiẹs voiẹt.
Vi vis vit,
   Vimẹs vitẹs virẹt.
            Voẹr vu voiant.

Ar ars ard,
   Ardons ardes ardẹt.
Ardi ardis ardit,
   Ardimẹs arditẹs ardirẹt.
Ardoẹr ꝯ ardrẹ,
   Ardant ars arſẹ,
Aparoẹ aparoẹs aparoet,
   Aparoeſons aparoeſes aparoeſẹt.
Aparoeſoẹ aparu aparoẹr.
Komparẹ komparu komparoẹr.
Apẹr apers apẹrt,
   Apẹrons apẹres apẹrẹt.
Apẹroẹ apẹroẹs, &c. aperu.
Aperſoẹ aperſu, Aperſẹvoẹr aperſu.
Ẹ as a,
   Avons aves ont.
Ẹiẹ ẹiẹs ẹit,
   Ẹions ẹiẹs ẹiẹt,

Voyray voyras voyra,
  Voyrons voyrez voyront.
Voy voye,
  Voyons voyez voyent.
Vei veis veit,
  Vismes veistes virent.
        Voir veu voyant.

Ar ars ard,
  Ardons ardes ardent.
Ardi ardis ardist,
  Ardismes ardistes ardirent.
Ardoir ou ardre, Ardant ars arse.
Apparoy apparois apparoit,
  Apparoyssons, apparoysses, appa-
    royssent.
Apparoyssoy apparu apparoir.
Compare comparu comparoir.
Apper appers appert,
Apperons apperes apperent.
Apperoye apperoys, &c. Apperu.
Appercoy apperceu apperceuoir ap-
Ay as á,   (perceu.
  Auons aues ont.
Aye ayes ayt,
  Ayons ayes ayent.

Avroe avroes avroet,
  Avrions avries avroet.
Uſç uſçs ut,
  Uſions uſies uſçt.
Avoe avoes avoet,
  Avions avies avoet.
Avre avras avra,
  Avrons avres auront.
      Eiç eit,
  Eions eies eiçt.
U us ut,
  Umçs utçs urçt.
        Avoer u Eiant.
Sie ſies ſied,
  Seons ſees ſeçt.
Seç ſeçs ſeç,
  Seons ſees ſeçt.
Serroe ſiſç ſeoe,
  Serre ſies ꝟ ſeçs ſeç.
Si ſis ſid.
Seoer ꝟ ſoer ꝟ ſir,
  Si ſeant ſis ſizç.
      Einſi aſoer.
Soloe ſoloes ſoloet,
  Solions ſolies ſoloet.
        Soloer ꝟ ſoloer.

Auroye aurois auroit,
  Aurions auries auroient.
Eufle eufles euft,
  Euffions euffies euffent.
Auoye auois auoit,
  Auions auiez auoient.
Auray auras aura,
    Aurons aurez auront.
          Aye ayt,
  Ayons ayez ayent.
Eu eus euft,
    Eufmes euftes eurent.
            Auoir eu ayant.
Sie fies fied,
  Seons feez feent.
See fees fee,
  Seons feez feent.
Serroye fize feoye,
  Serray feies ou fees.
Sis fis fid.
Seoir ou foir, ou fir,
  Seiant fis fife.
    Ainfi Affoyr.
Souloye foulois fouloit,
  Soulions foulies fouloient.
    Soloir ou fouloir.

Çe çes çet.
Çeons çees çeęt, çeoe.
Çerę ᴢ çoer.

Me mes met,
Mᴜvons mᴜves meuvęt ᴢ mᴜvęt.
Mevę mevęs.
Meuęroe meuęroes ᴢ mᴜęroe mᴜęr.
Mesę mesęs,
Mᴜvoe mᴜvoes,
Mᴜvęre mᴜvęras, ᴢ mᴜvre mᴜvras.
Mes mevę mᴜvons.
Mu mus mut,
Mumęs mutęs muręt.
Mᴜvoer mu mᴜvant.

Va vas vat.
Valons vales valęt.
Valę valęs,
Vadroe vadroes.
Valusę valusęs,
Valoe valoes,
Vadre vadras.
va valę.
Valu valus,
Valoer valu valant.

Che ches chet,
  Cheons chees cheent, cheoye.
    Cherray cheu choir.
Meu meus meuſt,
  Mouuons mouuez meuuent, ou
    mouuent.
Meuue meuues.
Meuueroye meuuerois, ou mouue-
    roye mouuerois.
Meuſſe meuſſes.
Mouuoye mouuois.
Meuueray meuueras, ou mouuray
mouuras.
    Meu meus mouuons.
Meu meus meuſt,
  Meuſmes meuſtes meurent.
    Mouuoir mouuant.
Vau vaus vault,
  Valons valez vallent.
Vaille vailles.
Vauldroye vauldrois.
Valluſſe valluſſes.
Valloye vallois.
Vaudray vaudras.
    Vault vaille.
Valu valus,
    Valoir valu vallant.

Vɇ vɇs vɇt,
 Vɔlons vɔles velɇt.
Velɇ velɇs,
Vɔdroe vɔdroes,
Vɔzisɇ vɔzisɇs,
Voloe voloes,
Vɔdre vɔdras,
  Velɇs velɇ.
Vɔlu vɔlus,
  Vɔloer volu vɔlant.

Doe does doet,
 Dɇvons dɇves doevɇt.
Doevɇ doevɇs doevɇ,
 Dɇvions dɇvies doevɇt,
Dɇvɇroe dɇvɇroes ɔ dɇvroɇ dɇvroes.
Dusɇ dusɇs,
Dɇvoe dɇvoes,
Dɇvɇre ɔ dɇvre,
Du dus dut.
  Dɇvoer du dɇvant.
Lɇ verbɇ suivant sɇ konjugɇ seulɇmẽ
tiersɇs persones.
Delt delɇt,
Delɇ delɇt,
Delɇra delɇront,

Vueil veulx veult,
	Voulons voulez veullent.
Vueille vueilles.
Vouldroye vouldrois.
Voulsisse voulsisses.
Vouloye voullois.
Vouldray vouldras.
		Vueilles vueille.
Volu volus.
	Voulloir volu voulant.
Doy doibs doibt,
	Debuons debuez doibuent.
Doibue doibues doibue,
	Debuions debuies doibuent.
Debueroye debuerois, ou deburoy
	deburois.
Deusse deusses.
Debuoye debuois.
Debueray, ou deburay.
Deu deubs deubt
		Debuoir deu deuant.
Le verbe suiuant se coniugue seule-
nt es tierces personnes.
Deult deueillent.
uille deuillent.
Deueillera deuilleront.

Deſloet deſloet ꝛ dꝛloet dꝛloet,
   Dolu doluręt,
Doloer ꝛ dꝛloer,
  Dolu dolent dolentę.
  Les des ſuivans ſont imperſonels.
Çꝛt çalę çaloet,
  Çꝛroet çaluſę, çꝛra çalu çaloer.
Fꝛt falę faloet,
  Fꝛdroet falut, fꝛdra falu faloer.

Çap. 16. dę la troezięmę ĸonjugęzon

D. Sętę ĸonjugęzon et bien bigareę,ꝛ
riteroet bien ĸelĸę limę dę votrę lꝛ
Męs oions dę la troezięmę. ᴘ. La troez
ĸonjugęzon ſet ſelę ĸi a l'infini pręʒé
rę, ĸomę.

Konoe ĸonoes ĸonoet,
  Konoeſons ĸonoeſes ĸonoeſęt.
Konoeſę ĸonoeſęs ĸonoeſę,
  Konoeſions ĸonoeſies ĸonoeſęt.
Konoetroe ĸonoetroes ĸonoetroet,
  Konoetrions ĸonoetries ĸonoetroet
Konuſę ĸonuſęs ĸonut,
  Konuſions ĸonuſies ĸonuſęt.
Konoeſoe ĸonoeſoes ĸonoeſoet,
  ĸonoeſions ĸonoeſies ĸonoeſoet.

I

Deulloit deulloient, ou douloit dou-
  Dolu dolurent.   (loient,
Doloir ou douloir,
  Dolu dolent dolente.
Les deulx fuiuants font imperfonels.
  Chault chaille chailloit,
  Chauroit challuffe chaura challu
Fault faille failloit,   (challoir.
  Fauldroit, falluffe, fauldra, fallut,
    falloir.

Chap. 16. de la iij. coniugaifon.

Q. Cefte conjugaifon eft bien bigarree, &
meriteroit bié quelque lime de voftre logi-
ue. Mais oyons la troifiefme. P. La troifiefme
oniugaifon ceft celle qui à linfiny prefent en
e : comme,

Cognoy, cognois cognoit,
Cognoiffons, cognoiffes cognoiffét.
Cognoiffe, cognoiffes cognoiffe,
Cognoiffions, cognoiffies cognoiffent.
Cognoitroie, cognoitrois cognoitroit,
Cognoitriós, cognoitries cognoitroiét.
Cogneuffe, cogneuffes cogneuft,
Cogneuffiós, cogneuffies cogneuffent.
Cognoiffoye, cognoiffois cognoiffoit,
Cognoiffions, cognoiffies cognoiffoiét.
                    G

Konoe̊tre konoe̊tras konoe̊tra,
  konoe̊trons konoe̊tres konoe̊tront.
Konu konus konut,
  konumę́s konutę́s konurę̊t.
    Konoe̊ konoe̊sę,
  Konoe̊sons konoe̊ses konoe̊sę̊t.
    Konoe̊trę, konu, konoe̊sant.

Sę̊tę̊ konjugę́zon a avsi grand nombrę d'
nomavs : e̊ sont dę de vs espesęs, Lęs uns ont d
vant rę, kelkę voielę, e̊ sę konjugę̊t e̊insi.
E̊krirę.   *E̊kri e̊kris e̊krit,*
             E̊krivons e̊krives e̊krivę̊t.
Rę́rę.   *Re̊ re̊s re̊t,*
      Razons razes razę̊t.
Rirę.   *Ri ris rit,*
      Rions ries rię̊t.
Fę́rę.   *Fe̊ fe̊s fe̊t,*
      Fę̊zons fe̊tę̊s font.
Frirę.   *Fri fris frit,*
      Frions fries frię̊t.
Tę́rę.   *Te̊ te̊s te̊t,*
      Te̊zons te̊zes te̊zę̊t.
Trę́rę.   *Tre̊ tre̊s tre̊t.*
      Tre̊ons tre̊es tre̊ę̊t.
E̊insi Rę̊trę́rę.

Cognoiteray cognoiteras cognoitera,
    Cognoiterõs cognoiteres cognoite-
Cogneu cogneus cogneut,   (ront,
    Cogneufmes cogneuftes cogneurẽt.
            Cognoy cognoiffe,
Cognoiffons cognoiffes cognoiffent.
Cognoiftre cogneu cognoiffant.

Cefte coniugaifon a auffi grãd nom-
re danomaulx : & font de deulx efpe-
es,Les vns ont deuãt re,quelque voyel
,& fe coniuguent ainfi.

fcrire.   Efcri efcripts efcript,
    Efcripuons efcripues efcripuent.
.aire.   Ray rays rayt,
    Rafons rafes rafent.
.ire.   Ri ris rit,
    Rions ries rient.
'aire.   Fay fays faict,
    Faifons faictes font.
'rire.   Fri fris frit,
    Frions fries frient.
'ayre.   Tay tays tayt,
    Tayfons tayfes tayfent.
Traire.   Tray trays trayt,
    Trayons trayes trayent.
Ainfi Retraire.
                G ij

Dirę.   Di dis dit,
          Dizons ditęs dięt ꝛ dizęt.
Kroerę.   Kroe kroes kroet,
          kroions kroies kroięt.
Boerę.   Boe boes boes boet.
          Buvons buves boevęt.
Bręrę.   Bre bres bret,
          Breons brees bręęt.
Bruirę.   Brui bruis bruit,
          Bruions bruies bruięt.
Plerę.   Ple ples plet,
          Plezons plezes plezęt.
Sęs ki ont unę konsonę dęvant rę, komę, r,
          t, d, p, sont fort diferens.
Suivrę.   Sui suis suit,
          Suivons suives suivęt.
Vivrę.   Vi vis vit,
          Vivons vives vivęt.
Ętrę.   Sui ęs ęt,
          Somęs ętęs sont.
          Soe soes soet.
          Soions soies soet.
          Sęroe sęroes sęroet,
          Sęrions sęries sęroet.
          Fusę fusęs fut.
          Fusions fusies fusęt.

re.   Di dis dict,
     Difons dites dient,ou difent,
oire.   Croy crois croit,
     Croyons croyes croyent.
re.   Boy boys boyt,
     Buuons buuez boyuent.
ire.   Bray brays brayt,
     Brayons brayes brayent.
uire.   Bruy bruys bruit,
     Bruyons bruyes bruyent.
ire.   Play plays playt,
     Playfons playfez playfent.
Ceulx qui ont vne confone deuãt re,
mme r,v,t,d,p,font fort differents.
iure.   Suy fuis fuit,
     Suiuons fuiues fuiuent.
ure.   Vi vis vit,
     Viuons viues viuent.
tre.   Suis es eft,
     Sommes eftes font.
     Soye fois foit,
          Soyons foyes foyent.
     Seroye ferois feroit,
          Serions feries feroyent que
     Fuffe fuffes fuft,
          Fuffions fuffies fuffent.

G iij

Etoé etoés etoęt,
        Etions etiés etoęt.
Sęre sęras sęra,
        Sęrons sęres sęront.
Soés soęt,
        Soions soiés soięt ⱬ soęt.
Fu fus fut,
        Fumęs futęs furęt.
                Etrę, ete, etant.
Mętrę.   Mę més męt,
        Mętons mętes métęt,
Titrę.   Ti tis tit,
        Tiſons tiſes tiſęt.
Kroętrę.   Kroé kroés kroęt,
        kroeſons kroeſes kroeſęt.
Klorrę.   Klo klos klo,
        kloons kloes kloęt,
Einſi, Eklorrę enklorrę forklorrę,
        Tⱬtefoé konklurrę exklurrę,
Batrę.   Ba bas bat,
        Batons bates batęt.
Pętrę.   Pé pés pet,
        Peſons peſes peſęt,
Ahęrdrę.   Ahęr ahęrs ahęt,
        Ahęrdons ahęrdes ahęrdęt.
Les ſink ſuivans ont, ⱬons, ⱬes, ⱬęt, ⱴ plurier.

Eſtoye eſtois eſtoit,
  Eſtions eſties eſtoient.
Seray ſeras ſera,
  Serons ſerez ſeront,
Soys ſoit, Soyons ſoyes ſoyent.
Fu fus fuſt,
  Fuſmes fuſtes furent,
          Eſtre, eſte, eſtant.
Mettre.   Me mes met,
  Mettons mettez mettent.
Tiſtre.   Ti tis tiſt,
  Tiſſons tiſſes tiſſent.
Croiſtre.   Croy crois croit,
  Croyſſons croyſſes croyſſent,
Clorre.   Clo clos clot,
  Cloons cloes cloent.
Ainſi, Eclorre enclorre forclorre,
  Toutesfoys conclurre exclurre,
Batre.   Ba bas bat,
  Batons batez batent:
Paiſtre.   Pais pais paiſt,
  Paiſſons paiſſes paiſſent.
Aherdre,   Aher ahers ahert,
  Aherdons aherdes aherdent,
Les cinq ſuiuans ont, gnons, gnes, gnent
  au plurier.

Joindrę.   Join joins joint.
    Joiņons ioiņes joiņęt.
Feindrę.   Fein feins feint,
    Feiņons feiņes feiņęt.
Ⰽreindrę.   Ⰽrein Ⰽreins Ⰽreint,
    Ⰽreiņons Ⰽreiņes Ⰽreiņęt.
Peindrę.   Pein peins peint,
    Peiņons peiņes peiņęt.
Poindrę.   Poin poins point,
    Poiņons poiņes poiņęt,
Mⱴdrę.   Mⱴ mⱴs mⱴt,
    Mⱴlons mⱴles mⱴlęt, ⱴ mⱴdrę mⱴ mⱴ
    mⱴt mⱴlons mⱴles mⱴlęt.

             Sⱴs Ⰽi s'enſuivęt font dons
                  ⱴ plurier.

Eteindrę.   Etein eteins eteint,
    Eteindons eteindes eteindęt,
Enfreindrę.   Enfrein enfreins enfrein
    Enfreindons enfreindes enfrindęt.
Epardrę.   Epar epars epart,
    Epardons epardes epardęt.
Epandrę.   Epan epans epand,
    Epandons epandes epandęt,
Sęmondrę.   Sęmon sęmons sęmond,
    Sęmondons sęmondes sęmondęt,

indre.   Ioing ioings ioingt,
     Ioignons ioignes ioignent.
indre.   Feing feings feingt,
     Faignons faignes faignent,
aindre.   Crain crains craint,
     Craignons craignes craignent.
indre.   Pein peins peint,
     Peignons peignes peignent.
oindre.   Poin poins point.
     Poignons poignes poignent.
eudre.   Meu meus meut,
     Meulõs meulez meulent,ou moul-
     dre, moul mouls mould,moullons
     moulles meullent.
     Ceulx qui sensuiuent sont dons
               au plurier.
steindre.   Estein esteins esteind,
     Esteindons esteindes esteindent.
nfraindre. Enfrein enfreins enfreind,
     Enfreindõs enfreindez enfreindét.
spardre.   Espar espars espard,
     Espardons espardes espardent.
spandre.   Espan espans espand,
     Espandons espandes espandent.
emondre.   Semon semons semond,
     Semondons semondes semódent.

Sȣdrę. Sȣ sȣs sȣt,
 Solvons solves solvęt,
  Sȣdons sȣdes sȣdęt.
Rateindrę. Ratein rateins rateint,
 Rateindons rateindes rateindęt,
Repondrę. Repon repons repond,
 Repondons repondes repondęt.
Rendrę. Ren rens rend,
 Rendons rendes rendęt,
Mordrę. Mor mors mort,
 Mordons mordes mordęt,
Fendrę. Fen fens fend,
 Fendons fendes fendęt,
Fondrę. Fon fons fond,
 Fondons fondes fondęt.
Tendrę. Ten tens tend,
 Tendons tendes tendęt,
Tȣdrę. Tȣ tȣs tȣd,
 Tȣdons tȣdes tȣdęt.
Tondrę. Ton tons tond,
 Tondons tondes tondęt.
Pendrę. Pen pęns pend,
 Pęndons pendes pendęt,
Pȣdrę. Pȣ pȣs pȣd,
 Pȣdons pȣdes pȣdęt, Pȣndrę ou

ouldre.   Sou fous fould,
    Soluons folues foluent,
    Souldons fouldez fouldent.
ateindre.   Ratein rateins rateint.
    Rateindons rateindez rateindent.
efpondre.   Refpon refpons re-
    fpond,
    Refpondons refpondez refpondét,
endre.   Ren rens rend,
    Rendons rendez rendent.
ordre.   Mor mors mort,
    Mordons mordes mordent.
endre.   Fen fens fend.
    Fendons fendez fendent.
ondre.   Fon fons fond,
    Fondons fondes fondent.
endre.   Ten tens tend,
    Tendons tendes tendent.
ordre.   Tor tors tord,
    Tordons tordez tordent.
ondre.   Ton tons tond,
    Tondons tondes tondent.
endre.   Pen pens pend.
    Pendons pendez pendent.
ondre.   Pon pons pond,
    Pondons pondez pondent, ou Po-

nons pones, ponre ponu.
Kɤdrę.   Kɤ kɤs kɤd,
        Kɤzons kɤzes kɤzęt.
Veinkrę.   Veink veinks veink,
        Veinkons veinkes veinkęt.
Prendrę.   Pren prens prend,
        Pręnons pręnes prenęt.
        Prin pris prit,
        Primęs printęs prinręt ɤ priręt,
Romprę.   Ron rons ront,
        Rompons rompes rompęt.

Çap 17. dę la iiij. konjugęzon.

D. Mon metrę, ję vɤs prię k'il vɤs ſɤvie
des ekolęs brutinęs kãt vɤs baḷatęs a vi
dę vos plus exelens diſiplęs vint dęs plus ex
lentęs orezons dę Siſeron pɤrferę la reçerç
la prevę des nombręs dę l'orezon : e k'ei
męintęnant vɤs departies un entier dixion
rę des verbęs Franſoes a vos diſiplęs pɤr re
jer unę telę konfuſion , ki et en ſęs des konj
gezons. P. Il fɤdroet pręmieręment kę l'un
vos kondiſiplęs N. Berjęron, ki a konjoint l
bonęs letręs avęk l'ekite dęs Loes, et açeve ſ
dixionerę Frãſoe Latin , e kę des milęs ore
(komę vɤs aves vę) ekɤtaſęt dę reçef unę vo
Lors ſę ſiekle dore etãt reſuſite pɤrroet akõpl
votrę deſir. Mes vɤs mę trɤbles tɤjɤrs mõ ꝑp

nons pones ponre ponu.
oudre.   Cou cous coud,
   Coufons coufes coufent.
aincre.   Vainc vaincs vainc,
   Vaincons vainques vaincquent.
endre.   Pren prens prend,
   Prenons prenez prenent,
  Prin prins prind,
   Prifmes.Priftes prinrent,ou prirent.
ompre.   Romp romps rompt.
   Rompons rompes rompent.

Cha. 17.de la iiij.coniugaifon.

D. Mon maiftre,ie vous prie quil vous fou-
uienne des efcolles brutines , quand vous
illaftes a vingt de vos plus excellens difciples
ngt des plus excellentes oraifons de Ciceron
our faire la recherche & la preuue des nom-
es de loraifon:& quainfi maintenant vous de-
rtiez vng entier dictionnaire des verbes Fran-
ys a vos difciples pour renger vne telle con-
fion, qui eft en fes deulx coniugaifons. P. Il
uldroit premierement que lung de vos con-
fciples N. Bergeron (qui a conioinct les bon-
es letres auec lequite des Loix) euft acheue
n dictionaire Francoys Latin : & que deux
illes oreilles (comme vous aues veu) efcoutaf-
nt de rechef vne voix. Lors ce fiecle dore eftat
effufite pourroit accomplit voftre defir. Mais
ous me troubles toufiours mon propos.

La katrieme konjugezon ſet ſelę ki a
l'infini prezent en ir:komę,

Bati batis batit,
  Batiſons batiſes batiſęt,
Batiſę batiſes batiſę,
  Batiſions batiſies batiſęt.
Batiroe batiroes batiroet,
  Batirions batiries batiroet.
Batiſę batiſęs batit,
  Batiſions batiſies batiſęt.
Batiſoe batiſoes batiſoet,
  Batiſions batiſies batiſoet.
Batire batiras batira,
  Batirons batirez batiront.
Bati batis batit,
  Batimęs batitęs batiręt.
Batir bati batiſant.
    E'inſi Partir por divizęr, Gʋdir.

Sętę konjugezon a aʋſi ſęs irregulier
dont les uns dęvant ir, ont kelkę voielę, kom
e, ʋ, u.

Heir.   He hes het,
  Heons hees heęt.
ʋir.   ʋe oes oet,
  Oions oies oięt,

La iiij. coniugaison ceſt celle qui a
  linfini præſent en ir:comme,

Baſti baſtis baſtit,
  Baſtiſſons baſtiſſes baſtiſſent.
Baſtiſſe baſtiſſes baſtiſſe,
  Baſtiſſions baſtiſſiez baſtiſſent.
Baſtiroye baſtirois baſtiroit,
  Baſtirions baſtiriez baſtiroyent.
 Baſtiſſe baſtiſſes baſtiſt,
  Baſtiſſions baſtiſſiez baſtiſſent.
Baſtiſſoye baſtiſſois baſtiſſoit,
  Baſtiſſions baſtiſſiez baſtiſſoyent,
Baſtiray baſtiras baſtira,
  Baſtirons baſtirez baſtirent.
Baſti baſtis baſtit,
  Baſtiſmes baſtiſtes baſtirent.
Baſtir baſti baſtiſant,
Ainſi Partir pour diuiſer, Gaudir,

  Ceſte coniugaiſon a auſſi ſes irregu-
rs, dont les vns deuant ir ont quelque
yelle:comme e, ou, u.

air.   Hay hais hait,
  Haions haiez hayent.
uyr.   oy oys oyt,
  Oyons oyez oyent.

Fuir.   Fui fuis fuit,
        Fuions fuies fuięt.
Puir.   Pu pus put,
        Puons pues puęt,
        Lęs ʋtręs ont ĸelĸę ĸonſonę, ĸomę s, z,
ļ, m, n, ʋ, t, x.
Iſir.   Iſons iſes iſęt, ſans ſingulier.
Jęzir.   ji jis jit,
        Jizons jizes jizęt.
Fęrir.   Fier fiers fier,
        Fierons fieres fieręt.
Ofrir.   Ofrę ofręs ofrę,
        Ofrons ofres ofręt.
Sʋfrir.   Sʋfręſ ſʋfręs, ʋ ſeʋfręs ſʋfrę,
        Sʋfrons ſʋfręs ſʋfręt.
Mʋrir.   Mer mers mert,
        Mʋrons mʋres meręt.
Kʋrir.   Kʋr kʋrs kʋrt,
        Kʋrons kʋres kʋręt.
Kʋʋrir.   Kʋʋrę kʋʋres kʋʋrę,
        kʋʋrons kʋʋres kʋʋręt.
Salir.   Sali ſalis ſalit,
        Saliſons ſaliſes ſaliſęt.
Saļir.   Sʋ ſaʋs ſaʋt,
        Saļons ſaļes ſaļęt.
Faļir.   Faʋ faʋs faʋt,

F

ir. Fui fuis fuit,
 Fuyons fuyez fuient.
ir. Pu pus put,
 Puons puez puent.
Les aultres ont quelque cõſonne, cõ-
e s, z, r, l, m, n, v, t.
ir. Iſſons iſſes, ſans ſingulier.
eſir. Gi gis git,
 Giſons giſez giſent.
rir. Fier fiers fiert,
 Fierons fierez fierent.
ffrir. Offre offres offre,
 Offrons offrez offrent.
uffrir. Souffre ſouffres, ou ſeuf-
  fres, ſouffre,
 Souffrons ſouffres ſouffrent.
ourir. Meur meurs meurt,
 Mourons mourez meurent.
ourir. Cour cours court,
 Courons courez courent.
ouurir. Couure couures couure,
 Couurons couurez couurent.
alir. Sali ſalis ſalit,
 Saliſſons ſaliſſez ſaliſſent.
aillir. Sau ſauts ſault,
 Saillons ſaillez ſaillent.
aillir. Faul faults fault,

H

Façons façes falęt.

Bʋlir.   Bʋ bʋs bʋt,
          Bʋlons bʋles bʋlęt.

Dormir.   Dor dors dort.
          Dormons dormes dormęt.

Vęnir.   Vien viens vient,
          Vęnons vęnes vienęt.

Tęnir.   Tien tiens tient,
          Tęnons tęnes tienęt.

Servir.   Ser sers sert,
          Servons serves servęt.

Sortir.   Sor sors sort,
          Sortons sortes sortęt.

Vetir.   Ve ves vet,
          Vetons vetes vetęt.

               Partir pʋr s'en aller.
          Par pars part.
          Partons partes partęt.
          Nakir ʋ netrę.
          Nesons neses nesęt.

Voela sę ʀę j'avoe a vʋs repondrę tʋçant
          la ʀonjugęzon des verbęs.

Faillons faillez faillent.
uillir.　　Bou bouts boult,
　Bouillons bouillez bouillent.
ormir.　　Dor dors dort,
　Dormons dormez dorment.
enir.　　Vien viens vient,
　Venons venez viennent.
enir.　　Tien tiens tient,
　Tenons tenez tiennent.
ruir.　　Ser fers fert,
　Seruons feruez feruent.
rtir.　　Sor fors fort,
　Sortons fortez fortent.
eftir.　　Vet vets veft.
　Veftons veftez veftent.
　　Partir pour fen aller.
　Par pars part.
　　Partons partez partent.
Nafquir ou naiftre,
　Naiffons naiffez naiffent.

Voila ce que iauois a vous refpon-
　　dre, touchant la coniugai-
　　　fon des verbes.
　　　　　H ij

Çapitrę 18. de
l'averbę.

D. L'etimolojię des noms a ete mv brievę, selę des verbęs en levrs konjugęzons e anomalięs a ete avtăt egarę kę la grękę e la Romeinę. Oĩos meĩtęnant l'etimolojię du mot sans nombrę. p. Lę mot sans nombrę s'et sęlui ki vtrę sa prinsipalę sinifikasion nę dęnotę avkun nŏbrę, komę l'averbę, e la kŏjonxion. L'averbę s'et un mot sans nŏbrę, ki et ajoint a un avtrę: e et dę kătite v kalite.

Dę kantitę, komę, Asęs, entrędęs, moie-

Chap. dixhuictiesi
de laduerbe.

D. L'etimologie d
nõs a este mo
briefue, celle des v
bes en leurs cõiug
sons & anomalies
este autant esgarc
la Grecque & la R
maine. Oyons mai
tenant letymolog
du mot sans nõb
p. Le mot sans nor
bre cest celuy,
outre sa principa
signification nę d
note aucun nombr
comme laduerbe,
la conionction. La
uerbe cest vng m
sans nombre, qui
adioinct a vng a
tre: & est de quanti
ou qualite.

De quantite, cõm
Asses, entredeul
moie-

iennemét, moins,
totallement, trop,
trop, bié, pas, peu,
peu, point, prou,
s, beaucoup. La
cialle quantite est
mme en nombre.
emierement, secó-
ment, tiercement,
e fois, deulx fois.
is en téps & lieu.
Les aduerbes de
mps sont plusieurs,
mme Apres, ena-
es, auiourdhuy, a-
rs, adócques, aupri-
e, auant, deuát, par-
ant, auparauát, par
leuát, apres entre-
mps, hier, hui, au-
urd'huy, mesui, in-
ontinent, ores, ora-
ime, orprime, enco
s, oncques. Cepen-
ant, siprisimi, au
ir, de soir, souuent,

moiénemént, moin,
tant, totalemént,
trop, par trop, bién,
pas, pe, trope, poït,
prʊ, plus, beaʊkʊp.
La spésialé kantite
ét komé én nóbré.
Prémierémént, sé-
kondémént, tiersé-
mént, vné foé, des
foés. Puis én tam é
lié.

Lés averbés dé tã
sont pluziérs, ko-
mé Aprés, énaprés,
ajʊrdui, alors, a-
dók, aprimé, avãt,
dévant, paravant,
parsidévant, aprés,
entrétam, iér, ui, a-
jʊrdui, mezui, in-
kontinént, orés, or-
aprimé, orprimé, én
korés, onkés. Sepén-
dant, siprisimi, a
soér, dé soér, sʊvént,

longęmént, matin,
aumatin, dęmatin,
dumatin, meíntę-
nant, ja, jadís, ja-
més, jurnelęmént,
vépré, avépré, dęvé-
pré, tandi, tot, tan-
tot. Dęmeín, léndę-
meín, donkęs, adö-
kęs, kant, géré, piéſa
puiskę, puisaprés,
dępuis, apréſkę.

Dę lieu, komę, Ar-
rieré, alęrs, apart,
éns, ſiéns, dędéns,
dęhors, ſidędéns, la
dędéns. I, iſi, v, ſa,
dęſa, énſa, pardęſa,
Si, d'iſi, parſi, voéſi,
voéla, lá, ila, ilék,
lęéns, hvt, bas, dot,
visavis.

La kalité ét ko-
mę, Abödammént,
ſękrétęmént, ſeuę-
mént, faſilęmént,
va-

longuement, ma
aumatin, demat
dumatin, mainter
ia, iadis, iamais, io
nellement, veſpr
veſpre, deveſpre, t
dis, toſt, tantoſt,
main, lendemai
doncques, adöcq
quand, guere, pi
puisque, puisapr
depuis, apres que.

De lieu, cöme,
riere, ailleurs, ap
ens, ceans, dedäs,
hors, cidedans, la
dans. I, icy, ou, ca,
ca, enca, pardeca,
dicy, parcy, voyci,
la, lá, yla, illec, lea
hault, bas, dont, v
vis.

La qualite eſt co
me, Abondamme
ſecrettement, ſeu
ment, facillemen
va

illamment , doul-
ment, bellement :
quels aduerbes la
oyelle du primitif
t gardee, Iufte, iu-
emét, aife, aifemét.
y a auffi plufieurs
altres efpeces de
ualite : comme ,
En affirmation,ne-
ation. Si,certes,voi-
e,mon,nani,nanim,
Ne,ni,non. En apel,
ouhayt, exortation.
He, hau,haula, hola,
O,fi, auant, orauant,
us, orfus, lala, hay,
ayauant.
En fimilitude.Ain-
i, toutainfi, fi, quafi,
côme,pres,prefques.
Les interiectiôs que
lon appelle,font auffi
aduerbes : & ainfi les
Grecs les ont mieulx
côprifes que les La-

vaḷammént, dʋsç-
mént, belçment:és-
ᴋels averbçs la voi-
elç du primitif et
gardeç,Iuſtç,iuſtç-
mént,eze,ezemént
Il ia ʋſi pluziers
ʋtrçs eſpeſçs dç ᴋa-
lite : ᴋome,

En afirmaſion,ne-
gaſiõ.Si,ſertçs,voe-
rç,mõ,nani,nanin,
Nç,ni,nõ. En apel,
ſʋhet,exortaſiõ.He,
hʋ,hʋla,hola, O,ſi,
avánt, oravant,ſus,
orſus, lala,hai,hai-
avant.

En ſimilitudç.
Einſi, tʋteinſi, ſi,
ᴋazi, ᴋomç, prés,
preſᴋçs.Lçs intçrje-
xions ᴋç lon apelç,
ſont ʋſi averbçs, e
eïſi lés grex les ont
mies ᴋomprizçs ᴋç

H iiij

les latins:kome,ai,
ah,las,elas,o,fi,ha,
hau,hai,he,ha,hahe,
hoe,hola, St,sine de
silense: R r. por en-
gañer les çiés, Trr.
por çafer les oe-
zeaus.

Les prepozisions
semblablement sõt
averbes, e preske de
tam e de lieu, kome
sont a, au, aus, avek,
en, es, entre, vtre,
sans, selon, sv, sur,
çes, joste, juskes,
vers, envers, de-
vers, pardevers,
hors,dehors,de,des,
deça,dela, derriere,
desvs, desus,devers,
du,kontre, alenko-
tre, enkontre, par,
por,pres. Item,kel-
kes inseparables,ko
me, re, for, en rete-
nir,

tins : côme,ai,ah,
helas,ô,fi,ha,hau,
he,ha,hahe,hoy,
la, St, figne de file
ce : R r. pour eng
gner les chiens, T
pour chasser les c
feaux.

Les præpositio
femblablement fo
aduerbes,& presqu
de téps & de lieu,c
me font, a,au,aulx,
uecques,en,es,entr
oultre,fãs,felõ,foub
fur, chez, ioufte, iu
ques,vers,enuers,d
uers,pardeuers,hor
dehors,de, des, de
& dela, derriere,de
foubs, deffus,deuer
du contre, a lencor
tre, encontre, pa
pour,pres.Item,que
ques inseparables
côme,re,for,en rete
ni

ir, reuiure, forli-
ner, forfaire.
Chapitre 19.de la
conionction.

D. Que est ce que
conionction? P.
ôionction ceft vng
ot fans nôbre, par
quel les parties de
raifon côpofee fôt
onioinctes : & eft e-
ontiatiue ou ratio-
natiue. Enôtiatiue,
uâd les parties font
feurees pour cer-
in : comme côgre-
atiue & fegregati-
e. Côgregatiue,par
quelle les parties
nt denoncees eftre
ayes enfébles, foit
pulatiue ou con-
itionelle. Copulati-
e quand les parties
parement font af-
urees. Comme, Et,

nir, reuiure, forli-
ner, forfere.
Çapitre 19.de la
konjonxion.

D. K'et-fe ke kô-
jonxion? P. Ko-
jonxion f'et un mot
fans nombre, par
lekel les partie de
l'orezon kompozee
font konjointes, e'et
enonfiative, r ra-
fiofinative. Enôfia-
tive, kât les partie
font aferees por le
fertein, kome kon-
gregative e fegre-
gative. Congrega-
tive par lakele les
partie font denon-
fees etre vrees en-
femble, foet kopula-
tive r kondifionele.
Copulative kant les
partie feparement
font aferees.Kome,

É, avſi, einſi, ʀę, einſi
ʀę, ſelon ʀę, nę, ni,
ſetaſavoer, enʀoręs,
otręplus, davanta-
ję, aprés, enaprés.
Or, oręs : Kondiſio-
nelę ʀant lę ʀonſe-
ʀent et ʀöjoint par
la ʀödiſion dę l'an-
teſedent, ʀomę. Si,
ſę, ſinę, ſinon. ſinon-
ʀę. Il ia avſi unę ʀö-
ionxiö dę tam pro-
çeinę a la ʀondiſio-
nelę, ʀomę, Pendãt,
Tãdis. La ſegrega-
tivę ſet ʀãt lés ſens
ʀomę non vres en-
ſemblę söt ſegrejes,
ʀomę diſʀretivę e
dijonʀtivę. Diſʀre-
tivę ʀãd lés partięs
ſont ſeparęes dę re-
zon, ʀomę, Męs, ʀö-
bien-ʀę, Eins, ein-
ſoet, jaſoet, totęfoe,
a to-

auſſi, ainſi, que, ain
que, ſelon que, ne,
ceſtaſcauoir, enc
res, oultreplus, dau
taige, apres, enapr
Or, ores: Cõdition
le, quãt le conſequ
eſt conioinct par
cõdition de lantec
dent, comme. Si, ſe,
ne, ſinon, ſinon qu
Il y a auſſi vne co
ionction de tẽps pr
chaine a la conditi
nelle, cõme, Pẽdar
Tandis. La ſegrega
ue, ceſt quant les ſe
cõme non vrays e
ſembles ſont ſegr
ges, cõme diſcretiu
& diſiõctiue. Diſcr
tiue quãd les parti
ſont ſeparees de r
ſon, cõme, Mais,
bien-que, ains, ai
cois, iacois, toutefo
a to

toutlemoins, pour
e moins. Or, ores,
quātaceque. Dision-
tiue quād les parties
ont separees par ef-
aict, en sorte que
plus dune ne pour-
oit estre vraye, com-
me. Ou, aultrement.
Ratiocinatiue quand
lune des parties est
conclue par laultre,
comme rationalle &
causalle. Rationalle
quād la raison prece-
de: cóme, Dont, dóq,
doncques, ordóques,
parquoy, pour-ce,
pourautant, partant,
pourcela: parainsi.
Causalle quand lon
rend la raison, cóme.
Car parceque, afin-
que, puisque.

atolemoin, por le
moin. Or, ores, kant
aseke. Dijonktive
kād les parties sont
separees par efet, en
sorte ke plus d'une
ne porroet etrevree:
kome, o, autrement.
Rasiosinative kand
l'une des parties et
konklue par l'autre,
kome rasionale e
kuzale. Rasionale
kant la rezon pre-
sede: kome, Dont,
donk, donkes, ordo-
kes, parkoe, porse,
porautant, partant,
porsela: pareinsi.
Cauzale kant lon
rend la rezon, ko-
me. Car, parseke,
afinke, puiske.

SEGOND LI-
vrę dę la Gramm-
erę dę P. dę la
Ramee, Lekter
du Roe, en l'uni-
versite dę Paris,
tvçãt laSintaxę.

Çap.1.dę la konvę-
nanfę du nom a-
vek lę nom.

D. Sertęs sętę fa-
son d'ensęnęr
met fort agręablę,
par lakelę j'e brie-
vement koprin un
sommerę dę l'eti-
molojię. Porsuives
ję vos prię, a dekla-
rer unę semblablę
fasilite dę doktrinę
en la Sintaxę.P. Ję
lę fere trevolotiers,
mes entãt kę ję porr-
re,e favre. Kar en sę-
tę

SECOND LI-
ure de la Grãmai-
re de P. de la Ra
mee, Lecteur du
Roy, en Luniuer-
site de Paris, tou-
chant la Syntaxe.

Chap.1.de la conue-
nance du nom a-
uec le nom.

D. Certes ceste fa-
con denseigner
mest fort aggreable,
par laquelle iay brief-
uement compri vng
sommaire de letymo
logie. Pourfuiues ie
vous prie a declairer
vne semblable facili-
te de doctrine en la
Sintaxe.P. Ie le feray
trefuolontiers, mais
entant que ie pour-
ray & scauray.Car en
ceste

efte partie de Grã-
maire les enseigne-
mens font iufques la
rofitables, quils ex-
licquent lufaige du
ngaige receu & ap-
rouue, non quils en
uiffent baftir aucun
ar foy, & par nou-
eaulx exemples. D.
Que eft ce dõcques
ue Sintaxe. P. Ceft
feconde partie de
Grammaire, qui en-
eigne le baftiment
es mots entre eulx
ar leurs proprietes,
eft prefques feule-
nent en conuenan-
e & mutuelle com-
nunion des proprie-
es, comme du nom
uec le nom, ou auec
e verbe : de laduer-
e auec tous mots,
ufquels il eft ad-

te partie dę grame-
rę lęs enseńęmens
font jufkęs la profi-
tablęs k'ils expli-
kęt l'uzaję du lan-
gaję refę e aprove,
non k'ils e'n puifęt
batir avkun par foe
e par novęas exem-
plęs. D. K'et fę donk
kę Sintaxę. P. S'et
la fęgondę partię
dę gramerę, ki en-
feńę lę batime'nt
de's mos entrę es
par lęrs proprietes,
e et prefkę fęlę-
me'nt en konvę-
nanfę e mutuelę
komunion de's pro-
prietes, komę du
nom avek lę nom, v
avek lę verbę : dę
l'averbę avek tvs
mos, avfkels il et
ajoint : dę la kon-

jonxion en l'ordre
des çozes konjoin-
tes. D. *Puis donk ke
la konvenanse des
noms a totes ses e-
speses, Dites nos en
premieremet la ko-
venanse.* P. *La kon-
venanse des noms
et en nombre e jen-
re : kome, Ome pru-
dent, Fame pru-
dente: Ome relijie,
fame relijieze : O-
mes relijies, fames
relijiezes. En koe
l'ordre kome par
tote la sintaxe Fra-
soeze, et bien fort
rekis: kome por vin
blank, bonet roje,
vos ne dires point
avek le pikard, blak
vin, roje bonet. L'a-
nomalie et asi fre-
kente en la sintaxe*
k'en

ioinct : de la conion
ction en lordre de
choses conioinctes.
D. Puis donc que l
conuenance des nó
a toutes ces especes
Dictes nous en pre
mieremét la conue
nance. P. La conue
nance des noms es
en nombre & genre
comme hóme pru
dét, femme prudéte
Hóme religieux, fé
me religieuse: hóme
religieux, femmes r
ligieuses . En quo
lordre, cóme par to
te la Sintaxe Frácoy
se est bié fort requis
cóme pour vin blác
bónet rouge, vous n
dires point auec l
Picard, blác vin, rou
ge bónet. Lanomali
est aussi frequéte é

Sintaxe quen lety-
ologie. Quelque-
is le ſubſtantif, aul-
nefois ladiectif eſt
tédu: cóme Deulx
mees empeſchent,
ne de la ville, lau-
e de la Gaulle, vous
tédes, lune armee,
utre armee. Il eſt iſ-
de treſnoble pere,
eulx, maieurs. Icy
ous entendes treſ-
obles ayeulx, treſ-
obles maieurs. Lad-
ctif eſt ſouuent pris
our le ſubſtantif: có-
e le chaut, le froid,
our la chaleur, la
oideur. Quelque-
is deux noms ſu-
antifs ſentreſuiuét
óme en Latin: Char
s Roy de France.
anomalie du nom-
re ceſt quand plu-

k'en l'etimolojię.
Kelkefoę lę ſuſtan-
tif, aKunęfoę l'aje-
Ktif et entendu:
Komę Des armees
empeçęt, l'unę dę la
vilę, l'vtrę dę la
Galę, vrs enten-
des, l'unę armeę,
l'vtrę armeę. Il et
iſu dę trenoblę pe-
rę, aiels, majers. Iſi
vrs entendes, tre-
noblęs aiels, treno-
blęs majers. L'aje-
Ktif et ſovent pri
porlę ſuſtantif: Ko-
mę lę çvt, lę froęd,
por la calęr, la froę-
der. Kelkefoę des
noms ſuſtatifs ſ'en-
trefuivęt, komę en
Latin: Çarlę Roy dę
Franſę.
L'anomalię du nõ-
brę ſ'et Kant pla-

ziers singuliers
sont por un plurier,
Jan e Pierre mes
freres sont venus.
Les Gaskons noveu
soldat. L'anomalie
du jenre s'et kant
des singuliers l'un
maskulin, e l'otre
femenin sont joins
a un plurier masku
lin: kome, Mon pere
e ma mere sont
mors. S'et une otre
anomalie en ses fa-
sons de parler: A la
saint Jan, apres la
toseins: o vrs en-
tendes, feste de.

Çap. 2. de la kon-
venanse des ar-
tikles,

D.Tot sela et ko-
mun avekes les
Grex e Latins: exe-
pte

sieurs singuliers so
pour vng plurier, I
& Pierre mes frer
sont venus. Les G
sconts nouueau fo
dat. Lanomalie
gère cest quãd deu
singuliers lun masc
lin, & laultre fem
nin sont ioincts a v
plurier masculin: c
me, Mon pere & n
mere sont mors. C
vne aultre anoma
en ces facons de pa
ler: A la sainct Iea
apres la Toussain
ou vous entende
feste de.

Chapit.2. de la co
uenance des
articles.

D.Tout cela est
mũ auecques
Grecs & Latins exe
p

e lordre, qui eſt biẽ
uuét par eulx cor-
mpu en trãſpoſant
s mots ſa & lá, a cau
du nombre rhęto-
cien: La conuenan-
des articles & du
õmparatif at elle riẽ
e propre? P. Ouy.
article eſt præpoſe
lx noms commũs,
ſlx pronoms, Miẽ,
iẽ, Sié, Noſtre, Vo-
re, Quel, Meſme.
em aulx verbes in-
nits pour le nom, &
ulx aduerbes: com-
ne, lhomme, les hõ-
nes, la femme, les fé-
nes, le mien, le tien,
e ſiẽ, le noſtre, le vo-
tre, lequel, laquelle,
e meſme, la meſme,
e boire, le manger, le
leſſus, le deſſoubs, le
ſedans, le dehors: &

*pte l'ordrę, ki et biẽ
ſovent par es kor-
rõpu en tranſpozãt
les mos ſa e là, a ka-
zę du nombrę reto-
riſien: La konvęnã-
ſę dęs artiklęs e du
kõparatif at elę riẽ
dę proprę? P. ꝩi.
L'artiklę et prępo-
ze as noms kõmũs,
as pronoms, Miẽn,
Tiẽn, Siẽn, Notrę,
Votrę, Kel, Memę.
Item as verbęs in-
finis por lę nom, e
as verbęs: komę,
l'omę, les omęs, la
famę, les famęs, lę
miẽn, lę tiẽn, lę
ſiẽn, lę notrę, lę vo-
trę, lękel, lakelę, lę
memę, la memę, lę
boerę, lę manjer: Lę
dęſus, lę dęſos, lę dę-
dens, lę dęhors: e*

I

lors l'artikle et kel-
kefoe redoble : ko-
me, vos le defendes
le meçant, vos la
meintenes la ru-
zee. Il sert asi a vo
katif : kome, L'ote,
venes sa. Ekotes la
bele file.

L'artikle retreint
kelkefoe par une si-
nekdoçe le nom ko-
mun a un sertein,
kome kant nos di-
zons. Le Roe a ko-
mande de pozer les
armes. Nos enten-
dos Çarle. Item, kãt
nos dizons. Le Se-
ner soet loe par tot,
nos entendos Diu,
Sener des Seners.
L'artikle n'et pas
tojor prepoze o nõ
komun.

Premierement, si
le

lors larticle est que
quesfois redoubul
cóme, vous le deff
des le meschãt, vo
la meintenes la r
see. Il sert aussi au v
catif : cóme, Lhost
venes ca. Escoutes
belle fille.

Larticle retrei
quelquefois par vr
sinecdoche le no
commun a vng ce
tain, cómme quan
nous disons. Le Ro
a commãde de pos
les armes. Nous e
tendons Charles. It
quãd nous disons. L
Seigneur soit loue
tout, nous entend
Dieu, Seigneur de
Seigneurs. Larticl
nest pas tousiour
præpose au nó cóm

Premierement,
le

nom commun eſt
ǵuuerne par le pre-
dent nom ou ver-
ſoit actif, ſoit ſub-
antif: cóme ceſt vn
re de grammaire:
ꝰ cognoiſſes hó-
e riche de cêt mil-
s eſcus. Il veult deſ-
endre or & argent,
ſuis præcepteur,
ꝰ eſtes diſciple. Il
y a animal quil ne
it homme ou beſte.
outesfois nous di-
ns, Ie ſuis maiſtre
e ceans, & Ie ſuis le
aiſtre de ceans.

Secondement auát
diectif des nós có-
uns: comme lhom-
e vertueux, lhom-
e ſaige: & non pas
óme le vertueux,
y lhomme le ſaige.
outefois nous di-

le nom komun et
gverne par le pre-
ſedent nom ꝸ ver-
be, ſoet aktif, ſoet ſu
ſtatif: kome, ſet un
livre de gramme-
re: vꝰ konoeſes ome
riçe de ſent mile e-
kus. Il vet depen-
dre or e arjent, Ie
ſui præſepter, vꝰ
etes diſiple. Il ni a
animal k'il ne ſoet
ome ꝸ bete. Ttefoe
nꝰ dizons, Ie ſui
metre de ſçans, e Ie
ſui le metre de ſças.

Sekondement a-
vant l'ajektif des
noms komuns: ko-
me l'ome vertue,
l'ome ſaje: e non pas
l'ome le vertue, ni
l'ome le ſaje. Tte-
foe nꝰ dizons, No-

tre Sire le Roe, mõ-
sier le Duk.

Tiersement il n'et
point devãt le par-
tisipe sinifiant kel-
ke tam: Le Roe etãt
a Paris se loje av Lv-
vre: mes kãt le par-
tisipe ne sinifie avkũ
tam, il pet avoer
l'artikle: kome l'a-
mant, la dezolee.

Av kontrere l'ar-
tikle et devant le
nom propre de fle-
ve e de pai: kome le
Rone, la Seine, la
Frãse, la Pikardie:
Kobien ke sans.ar-
tikle nvs dizons a-
si.Il kvle av Rone,en
Seine, Tu t'en vas
en Italie, en Frãse.
Il pet etre avsi de-
vant le nom propre
d'ome e de fame
pvr

fons , Nostre Sire
Roy,mõsieur le Du
Tiercement, il n
point deuãt le par
cipe signifiant qu
que temps : Le R
estant a Paris se lo
au Louure:mais qu
le participe ne sig
fie aulcũ téps,il pe
auoir larticle : cõ
laymant, la desol
Au contraire lar
cle est deuãt le no
propre de fleuue
de païs:cõme le R
ne, la Saine, la Fra
ce, la Picardie:Co
bien que sans arti
nous disons.aussi.
coulle au Rosne,
Saine, Tu ten vas
Italie, en France.
peult estre aussi d
uant le nom prop
dhõme & de femn
po

our plus grande si-
nification: comme,
ay veu le Guillaume,
ı Catherine q̃ vous
ictes: combien que
Ce) y seroit aussi bō:
ōme ie congnois ce
Guillaume, ceste Ca-
herine que vous di-
tes. Dauantage, il
eult estre aussi de-
āt ladiectif du nom
ropre, comme Ale-
xandre le grand, He-
eine la belle: cest a
dire qui est nomme,
ōmmee. Le, la, les,
ont quelquefois re-
latifs en laccusatif
deuāt le verbe: com-
me. Tu prises hōneur
& vertu, & ie le prise,
ie la prise.

Le, est quelquefois
relatif, nōminatif de
tout nombre & gére:

por plus grandę si-
nifikasion: komę, j'e
vu lę Gil>amę, la
Katęrinę kę vos di-
tęs: kombien kę (Sę)
i sęroęt asi bon: ko-
mę ję konoę sę Gi-
l>amę, sętę Katęrinę
kę vos ditęs. Da-
vantaję, il pęt ętrę
asi dęvant l'ajęktif
du nom proprę, ko-
mę Alexandrę lę
grand, Eleinę la
belę s'etadirę ki ęt
nome, nomeę. Lę, la,
les sont kęlkęfoę rę-
latifs en l'akuzatif
dęvant lę vęrbę: ko-
mę, Tu prizęs onęr
e vęrtu, e ję lę pri-
zę, ję la prizę.

Lę, et kęlkęfoę rę-
latif, nominatif dę
tot nombrę e ję'nrę:

kome, Tu es liberal,
je le sere. Il le sera,
ele le sera. Nos le
serons, vos l'etes e
le seres, ils le seront:
e non pas vos les e-
tes, ni ilz les seront:
kombien ke kelkes
Grammeriens en-
senet le kontrere.
Les o les, et indife-
ramment devant le
mot komensant par
voiele, kome. Les o-
mes, les onevrs, les
anales, o les omes,
les onevrs, les ana-
les: Les et devant le
mot komensant par
konsone: kome les
maris, les fames.

Çapit.3.du kom-
paratif, e su-
perlatif.

D. Par einsi l'ar-
tikle joint en
sete

côme, Tu es libera
ie le seray. Il le ser
elle le sera. Nous
serons, vous lestes
le seres, ils le seron
& non pas vous les
stes, ne ils les seron
côbien que quelqu
Grammairiés enfe
gnent le contraire
Les, par e lóg ou bri
est indifferáment d
uant le mot comm
çát par voielle, côn
me. Les hommes, l
honneurs, les anna
les. Les par e long e
deuant le mot com
mençant par confo
ne: comme les mari
les femmes.

Cha.3.du compara
tif,& superlatif.

D. Par ainsi larti
cle ioinct en ce
ste

le sorte au nom cõ-
mun, sauf trois exce-
ptions, nous rend es-
gaulx aux Grecs &
uperieurs aux La-
tins: de sorte que par
ceste syntaxe nous a-
uons vne grande fa-
cilite a la lãgue Grec-
que. Venós au com-
paratif. P. Le compa-
ratif doit conuenir
aux parties cõparees,
& requiert seulemẽt,
Que, auec Plus, ou
Moin: cóme le Lyon
est plus fort que le
bœuf. Hannibal est
plus ruse que les Ro-
mains. Icy no⁹ voyós,
que fort conuient a
Lyõ & a bœuf, & quil
est auec Plus. Le La-
tin conioinct deulx
cõparatifs de diuerse
qualite. *Salubrior stu-*

sętę sortę a nom
komun, saf troes
exepsions, nos rend
egus as Grex e su-
periers as Latins:
dę sortę kę par sętę
sintaxę, nos avons
unę grandę fasilite
a la langę Grękę.
Vęnons a kompa-
ratif. P. *Lę kompa-*
ratif doet konvęnir
as partięs kompa-
ręs, e rękie'rt sele-
mênt, Kę avek Plus,
e Moin: komę lę Liõ
et plus fort kę lę
bęf. Anibal et plus
ruze kę les Ro-
meins. Isi nos voĩos
kę fort konvient a
Lion e a bef, e k'il
et avek Plus. Lę La-
tin kõjoiut dęs kõ-
paratifz dę diversę
kalite. Salubrior

I iiij

studiis quàm dul
cior, i. *Plus profi-
table as etudes ke
plus do: e nos kon-
jonons le kompara-
tif avek un pozitif
de kontrere kalite:
kome. Il et plus sa-
je ke tu n'es fol. Il
et plus fol ke Salo-
mon n'et saje. Nos
abuzons kelkefoe du
komparatif: kome.
La mer major et
plus dose ke totes
avtres mers, s'etadi-
re moin amere.*

*Meler, Mievs, Pi-
re, Pirement gar-
det ler sinifikasion
komparative: kome
Il et meler, Il et
mievs, Il et pire, Il
et pirement. Item,
Majer d'aje, miner
d'aje: moindre ke*
toe,

diis q̃ dulcior, i. Pl
prouffitable aulx e
des que plus doul
& nous conioingn
le côparatif auec vr
pozitif de contrai
qualite:comme.Il e
plus saige que tu n
fol. Il est plus fol q
Salomon nest saig
Nous abusons que
quefois du compar
tif: comme. La m
maieur est plus do
ce que toutes les au
tres mers, cest a di
moins amere.

Meilleur, Mieulx
Pire, Pirement gar
det leur significatio
comparatiue: côme
Il est meilleur, Il e
mieulx, Il est pire, I
est piremét. Itē, Ma
geur daage, mineu
daage: moindre qu
toy,

y, moins que moy.   toé, moin ке moé,
nſi, Superieur a   Einſi, Superieur a
oy, Inferieur a toy.   moé, Inferieur a toé.
eschappe quelque-   Il eçapе келкеfoé о
is au vulgaire de   vulgeré dé diré,
re, Plus meilleur,   Plus meſer, por
ur meilleur, ſim-   meſer, ſimplemént:
emét: comme il eſt   комé il et eçape оs
chappe aux Grecs   Grex memeſ μᾶλ-
eſme μᾶλλον βέλτιον   λον βέλτιον, ки pre-
ii prénét auſſi quel-   nét aſi келкеfoé ler
refois leur compa-   komparatif por lе
tif pour le poſitif: pozitif: комé nоs
mmé nous faiſons   feſons en Piré, kant
Pire, quant nous   nоs dizons. Il n'et
ſons. Il neſt pas pi-   pas piré, por, Il n'et
, pour, Il neſt pas   pas mоvé. Lе ſu-
auuais. Le ſuperla-   perlatif ſ'exprimé
ſexprime en deux   en deſ ſorteſ. Pre-
rtes. Premieremét,   mierémét, il et ab-
eſt abſolut & ſim-   ſolut e ſimplе: ко-
e:comme, Treshó-   mе, Treſonore, Tre-
ore, Treſſauant:có-   ſavant: комé leſ
e les Grecs & La-   Grex e Latins di-
ns diſent τρισόλβιος,   zét τρισόλβιος, treſ
esheureux, Trifurci-   ere, Trifurcifer,

triueneficus, ko-
me ki diroet trepen
dart, trefempoezo-
ner: de forte ke no-
tre (Tres) feroet ko-
me troefoes. Einfi
ke *Virjile* avfi a dit.
O terq; quaterq;
beati : *O troefoes e
katrefoes bieneures.*
Sekondement le fu-
perlatif et exprime
en metant devant
Plus, v moin, l'arti-
kle konvenant a nö
governe. *Açiles et
le plus beau de tvs
les Grex, Terfites et
le plus led de tvte
l'armee. S'et bien la
plus grasieze krea-
ture ke vvs vites
onkes.*

Çapitre iiij. de la
konvenanfe des
Pronoms.

fer, triveneficus, co-
me qui diroit tref-
dart, trefempoif-
neur: de forte que-
ftre (Tres) feroit-
me trois fois. Ai-
q̃ Virgile auffi a d-
O terq̃, quaterq̃, beati-
trois fois & quat-
fois bienheureux-
condement le fup-
latif eft exprime-
mettant deuant Pl-
ou moins, larticle-
uenant au nom g-
uerne, Achilles e-
plus beau de tous-
Grecs, Therfites-
le plus laid de tou-
larmee. Ceft bien-
plus gratieufe, cr-
ture que vous veif-
oncques.

Chapitre iiij. de-
conuenance-
Pronoms.

D.

.Iay entendu plu
sieurs elegances,
comme Frācismes
e nos articles, & de
os comparaisons,&
en attés rien moins
e nos pronós.P. Les
ronós primitifs vac-
quent souuent,cóme
n Grec & Latin,Fro
e moy bien se ga-
and. Que tu nous y
nettes bon ordre, Ie
e le facóneray a plai
ir, Ie le vous equip-
peray de toute facó.
Nos & vos sont mis
uāt le substantif: có-
ne, Nos amis, vos a-
mis, Nos lettres, vos
ettres: Que si le sub-
tātif est præpose, No
tres vostres sont em-
ployes. Ces vignes
sont nostres, vostres.
A qui sont ses terres?

*D. Ie entendu
pluziers ele-
ganses, e kome Frā-
çismes de nos arti-
kles, e de nos kom-
parezons, e n'en a-
ten rien moin de
nos pronoms.P. Les
pronoms primitifs
vaket sovent, kome
en Grek e Latin,
Frote moe bien se
galand. Ke tu nvs i
metes bon ordre, Ie
te le fasonere a ple-
zir,Ie le vrs ekipe-
re de tote faso. Nos
e vos sont mis avāt
le sustantif: kome,
Nos amis, vos a-
mis, Nos letres, vos
letres:Ke si le sustā-
tif et prepoze, No-
tres, votres sont em
ploies. Ses vines sot
notres, votres. A ki*

font fés terrés? Élés
font nøtrés, vøtrés.
Soe, Sé, font refiprø-
kés ὰ fuſtantif ſupø
de là memé ὸ prø-
çeiné orezõ: Rømé,
Tøté naturé et gar-
diené de foe. Or-
tenſé et deſede plus
a ſon bon er, k'a
ſelui de ſa ſite. Sé et
devant la Ronſøné
aver ſon demontre:
Rømé, Sé lø, ſé hale-
bardier. Kelkéfoe il
et ſuſtantif: Rømé,
Tøt ſé ké tu voes et
a moe. Sét, et devãt
la voielé, é n'et ja-
més ſans ſuſtantif:
Rømé, Sét omé ké tu
voes et ton freré:
Ses, et kelkéfoe pris
kazi pør artiklé: Rø-
mé, Ses de Paris,
pør les Pariziens, ὸ
         ſes

Elles font noſtres, v
ſtres. Soy, Se, font r
ciproques au ſubſt
tif ſupoſt de la me
me ou prochaine
raiſon: comme, To
te nature eſt gardi
ne de ſoy. Horten
eſt decede plus a ſo
bõ heur, que a celu
de ſa cité. Ce eſt d
uant la côſonne au
ſon demonſtre: con
me, Ce loup, ce ha
bardier. Quelquefo
il eſt ſubſtãtif: cõm
Tout ce que tu vo
eſt a moy. Ceſt, eſt
uãt la voyelle, & ne
iamais ſans ſubſtãti
comme, Ceſt hõm
que tu vois eſt tõ fre
re: Ceux, eſt quelqu
fois prins quaſi pou
article: cõme, Ceul
de Paris, pour les Pa
         ri

siens , ou ceulx qui
nt, ou qui habitent
Paris, brief, pource
ue le vulgaire dict,
s ceulx de Paris.
Ces , est aussi prati-
ue encores autre-
nēt : comme, Ne me
arles point de ces fa
heulx , pour tels fa-
heux. Ces ou ces est
ndifferāment deuāt
a voyelle. Ces hom-
nes,ces hóneurs, ces
nnalles, ou Ces hó-
nes, ces hóneurs,ces
nnalles, Ces est de-
ant la cósonne. Ces
nutins,ces braues.

Les cóposes de ce,
ōt purs demóstratifs
fans relation ne adió-
tió de substátif : Ce-
cy,de chose plus pre-
sente : Celd,de chose
plus eloingnee:com-

ses ki sont, ꞇ ki abi-
tęt a Paris,bref,pꝛr
sę ꞇę lę vulgęrę dit,
les ses dę Paris.Ses,
et ꝟfi pratiꞇę ęnꞇo-
rę ꝟtręmęnt:ꞇomę,
Nę mę parles point
dę ses façęs , pꝛr
telz façęs.Ses ꞇ sęs
et indiferamęnt dę
vant la voielę. Ses
omęs, ses onęrs,ses
analęs, ꞇ Sęs omęs,
sęs onęrs , sęs ana-
lęs,Ses et dęvant la
ꞇonsonę . Ses mu-
tins,sęs bravęs.

Les ꞇompozęs dę
sę, sont purs demo-
stratifz sans ręla-
sion nę ajꝛxion dę
sustantif : Sęfi, dę
çozę plus pręzen-
tę : Sęla, dę çozę
plus elonꞇę :ꞇomę,

tʋt ſęſi ęt a moé,tʋt
ſęla ęt a toé.

Sęſi ę ſęla ſont
ĸelĸęfoé divizes :
ĸomę, Se livrę ſi,ſę
livrę la. Œs ęt mis
ĸomę reſiproĸę pʋr
lę plurier de Soé :
ĸomę, Lęs amis ont
tʋt biens ĸomuns
ęntrę ęs ,pʋr ęntré
ſoé : ſę ĸi n'ęt reſę-
vablę en Latin, ſi-
non ĸę lę jenitif,
datif,ablatif preſę-
dę, Ipſorū inter
ipſos.cōceſſu, *Du*
ĸonſęntęmęnt d'ęs
ęntrę ęs. Patens
hominibus inter
ipſos ſocietas.*So-*
ſiete ʋvęrtę ęs omęs
ęntrę ęs. A doctis
inter ipſos repre
henſa. *Repris par*
lęs doĸtęs ęntrę ęs.

Il

me , tout cecy eſt
moy ,tout cela eſt
toy.

Cecy & cela ſo
quelquefois diuiſe
comme , Ce liure c
ce liure la. Eulx
mis comme recipr
que pour le pluri
de Soy : comme,L
amis ont tous bie
commūs entre eul
pour entre ſoy :
qui neſt recepuab
en Latin , ſinō que
genitif, datif, ablati
præcede,*ipſorum int*
ipſos conceſſu, Du cor
ſentement deulx e
tre eulx. *Patens hom.*
nibus inter ipſos ſoci
tas. Societe ouuert
aulx hommes entr
eulx. *A doctis inter i*
*ſos reprehenſa.*Reprin
par les doctes entr
eul

lx.   Il & Ils font
quelquefois poftpo-
s aux verbes, côme
ft il, ce font ils, Luy
ec le nom numeral
ict vne certaine fra
Frãcoyfe: comme,
eft arriue luy troif-
fme , quatriefme ,
nquiefme, pour ef-
nt accompagne de
ois , quatre, cinq:
ui eft ce que les
recs difent, ſίτος, τέ-
ρτος, πεμπτὸς, αυτός,
n poftpofant αυτός,
nous præpofons,
uy: Les Latins ap-
rochent dicy quel-
uefois, comme Ho-
ce, *Tu quotus effe ve-*
, refcribe. Refcris
uantiefme tu veulx
tre, ceft a dire, en
uelle compagnie.
eur eft quelquefois

Il e Ils font κελκε-
foe poftpozez aı ver
be : κομε. S'et il, ſε
font ilz, Lui aεκ lε
nom numeral fet
unε ſerteinε frazε
Franſoεzε:κομε,Il
et arrive lui troε-
ziεmε , κατριεmε,
ſinκιεmε,pır etant
akompaηε dε troεs,
κatrε,ſınκ : Ki et ſε
κε les Grεx dizεt,
τρίτος , τέταρτος,
πεμπτὸς, αυτός, εn
poſpozant αυτός, ı
nıs prepozŏs, Luy:
Les Latins aproçεt
d'iſi κelκεfoε:κομε
Oraſε,Tu quotus
effe velis, refcri-
be. Rεκris κantiε-
mε tu veıs etrε, ſ'et
adirε εn κελε κom-
paηιε.

Lεr εt κελκεfoε

relatif por, Es : ko-
me les omes ont o-
fense Diu, se k'il
lers a done a en-
tendre : Ki a fet se-
la?es (dites vos) e
non pas lers. Ler e
lers sont resiprokes
a pluziers por Só,
Ses : kome, les pa-
rens eimet ler sag:
ilz çeriset lers en-
fans, e non pas son
sang, ni ses enfans:
Kombien ke se soet
bien dit en Latin
amant suum san-
guinem, suos li-
beros, *e non pas* il-
lorum sanguiné,
illorum liberos.
Selui, et demostra-
tif indetermine, e
partat tojor ajoint
wek le relatif Ki,
Selui et ome de bie

relatif pour, Eulx;
me les hommes
offense Dieu, ce q
leurs a donne a en
dre : Qui a faict c
Eulx (dictes vous
nom pas leurs. L
& leurs font recip
ques a plufieurs p
Son, Ses : comme
parens ayment l
sag: ils cherifsét le
enfans, & nó pas
fang, ny ces enfa
Combien que ce
bien dict en Latin
mant fuum fanguin
fuos liberos, & non
illorum fanguinem,
rum liberos.
Celluy, eft dem
ftratif indetermi
& partant toufio
adioinct auec le r
tif Qui, Celluy
homme de bien

Ki

cr

aint Dieu. Nous
pruntons Ceulx,
Celles auec La,
our leur plurier, có-
e Ceulx la, Celles
,pour(sil se pouuoit
re) Ces leurs, Ces
les.

Icelluy & icelle
st quelquefois vsur-
es par les practiciés
our Le,La,Les rela-
ifs:cóme. Iay achete
n cheual pour icel-
uy tenuoyer : mais
ous disons mieulx
our te lenuoyer.

Qui & Que inter-
roguét generallemét
& precedét, encores
quils soyent gouuer-
nes du verbe : cóme,
Qui a faict cela?Que
dictes vous?

Que, est mis quãd
la præposition ny est

ki kreint Diu. Nos
empruntons Ses, e
Seles avek La, por
ler plurier, kome
Ses la, Seles la, por
(sil se porvoet dire)
Ses lers,Ses eles.

Isçlui e içele sont
kelkefoe uzurpes
par les pratisiens
por Le,La,Les rela-
tifz:kome. I'e açete
un çeval por içelui
t'envoier: mes nos
dizons mies por te
l'envoier.

Ki e Ke interro-
get jeneralement e
presedet , enkore
kilz soet governes
du verbe: kome, Ki
a fet sela ? Ke dites
vos?

Ke,et mis kand
la prepozision ni et

K

point rɇkizɇ. Sɇt' ó-
mɇ kɇ vʊs dɇmãdes.
Kel, intɇrrogɇ ſpe-
ſialɇmént ſans arti-
klɇ: komɇ, Lɇkel et
ſɇ d'entrɇ vʊs, ki a
fɇt ſɇla?

Kel, e kelɇ, rɇlatif
ſont tʊjʊr artiku-
lɇs: komɇ, Tu eimɇs
Diu, lɇkel j'eimɇ.
Tu onorɇ la rɇlijiõ,
lakelɇ j'onorɇ. Iɇ
vʊs envoiɇ nʊvelɇs,
leſkelɇs vʊs ſɇront
agrɇablɇs. Kɇ, tʊtɇ-
foe et ſʊvént prin
pʊr lɇkel: komɇ, j'ei-
mɇ lɇ çɇval kɇ vʊs
m'aves donɇ. Jɇ pri-
zɇ la mɇzon kɇ vʊs
m'aves venduɇ.

Kel, ſiniſiant ka-
lite rɇjetɇ l'artiklɇ
e et tʊjʊr joint a
ſon

point requiſe. C[e]
homme que vous d[e]
mandes. Quel int[e]
rogue ſpecialleme[nt]
ſans article: comm[e]
Lequel eſt ce dent[...]
vous, qui a faict ce[...]

Quel, & Quelle, [...]
latifs ſont touſiou[rs]
articules: comme, T[u]
aymes Dieu, lequ[el]
iayme. Tu honore [la]
religiõ, laquelle i'h[o]
nore. Ie vous enuoy[...]
nouuelles, leſquell[es]
vous ſeront aggrea[...]
bles. Que, toutefo[...]
eſt ſouuét prins po[ur]
lequel: cóme, iaym[...]
le cheual q̃ vous m[...]
ues donne. Ie priſe [la]
maiſon que vous m[...]
ues venduë.

Quel, ſigniſiãt qua[...]
lite reiecté larticle, [&]
eſt touſiours ioinct [a]
ſo[n]

n ſubſtantif : com-
e , Quel homme
tes vous ? Quelle
mme aues vous?
Quoy ſert pour le
Quid, ou *Quod* des
atins:Quoy? Quoy
iſant tu ſeras ſauue.
anomalie du nom-
re eſt quelquefois
n ce pronom:Com-
ne, Sil y a hōme(leſ-
quels certainement
ont en grād nōbre.)
qui ayme honneur,
eſt toy. Tu as dict q̃
u voulois auoir vng
bon cheual,pourtant
quils ſōt auiourdhuy
de requeſte. Mō,Tō,
Son,auāt le mot cō-
menſant par voielle,
ſont prins pour le fe-
menin:comme,Mon
ame, Ton audace,Sō
arrogāce, & non pas

ſon ſuſtantif:kome,
Kel omę etęs vrs?
Kelę famę aves vrs?
Koe ſert pvr lę
Quid, v Quod
dęs Latins : Koe?
Koe fęzant tu ſeras
ſarve.
L'anomalię du
nombrę et kelkęfoe
en ſę pronom:kome,
S'il ia omę (leſkels
ſerteinęmént ſont
en grand nombrę)
ki eimę onvr, ſ'et
toe. Tu as dit kę tu
voloes avoer un bon
çęval, pvrtant k'ilz
ſout ajvrdui dę rę-
kétę. Mon,Ton,Sŏ,
avãt lę mot komen-
ſant par voielę ſont
pris pvr lę fęmęnin:
kome, Mon amę,
Ton avdaſę, Son ar-
roganſę, e non pas

avant la ᴋonſonę.
Kar nꝋs nę dizons
pas, Mon famę, Mŏ
haᴋęneę : Ɛins, Ma
famę, Ma haᴋęneę.
D. Nę ſęroét ſę pas
iſi ᴋélᴋę miél dę la
mémę dꝋſꝋr, dont
nꝋs avons parle én
l'apoſtrofę tꝋçant s,
é t? P. Vrémént il
ſémblę ᴋę ſęſi ſoét
introduit pꝋr la du-
ręte dę l'apoſtrofę,
M'amę, t'amę, ſ'a-
mę. Sę ᴋi ſęra bién
évidént én interpo-
zant un ajéᴋtif ᴋo-
ménſant par ᴋonſo-
nę : ᴋar lors nꝋs di-
rons, Ma, é non pas
mon: ᴋomę, Ma pꝋ-
vrę amę, Ma gran-
dę amꝋr. Or ᴋonti-
nuons propos: Mon,
ton, ſon, ręprénęt lę
ſu-

auant la conſonne
Car nous ne diſ[c
point, Mon femn[
Mŏ haquenee: Ai[
ma fémę, Ma haqu[
nee. D. Ne ſeroit [
pas icy quelque m[
de la meſme do[
ceur, dont nous au[
parle en lapoſtrop[
touchant s, & t? [
Vraiemēt il ſemble[
cecy ſoit introdu[
pour la durete de l[
poſtrophe, M'am[
t'ame, ſame. Ce q[
ſera bien euident [
interposất vng adi[
ctif commenſant p[
cōſóne: car lors no[
dirons, Ma, & nó p[
mon: cóme, Ma pa[
ure ame, Ma granc[
amour. Or cont[
nuons propos: Mo[
ton, ſon, reprénent [
ſt

ſtātif de linterro-
ſió,commē. Eſt ce
on pere? Ouy,ceſt
 pere: ou biē nous
ns de Mien , tien,
n,auec larticle,có-
:ceſt le mié, le tié,
ſien. Item en par-
 de quelques cho-
 diuiſees, cóme de
uſieurs enfans, Le
ien dort, le tien ſe-
ille, le ſien court:
inſi le noſtre, vo-
re:mais larticle neſt
oint touſiours ad-
uſte a Mien, tien,
en.

Premierement,a-
res Ce,Ceſtuicy,ce-
uila.Il,Qui,Lequel,
omme. Ce liure eſt
ien,il eſt tié,qui eſt
en, lequel eſt tien,
en.

Secódement, quād

ſuſtantif dę l'inter-
rogaſion, ĸomę. Et
ſę la ton perę? ʋi,
ſ'et mon perę:ʋ bien
nʋs uʒos dę Mien,
tien, ſien, avɛʀ l'ar-
tiĸlę, ĸomę: ſ'et lę
mien,lę tien,lę ſien.
Item en parlant.dę
ĸelkęs çozęs divi-
zeęs, ĸomę dę plu-
ziʋrs enfans, Lę
mien dort, lę tien
ſ'evelę, lę ſien ĸʋrt:
Einſi lę notrę, vo-
trę: mes l'artiĸlę
n'et pas tʋjʋrs ajʋte
a Mien,tien,ſien.

Pręmieręment,
apres Sę, Sętuiſi,ſę-
tuila. Il, Ki, lękel,
ĸomę. Sę liurę et
mien, il et tien, ĸi
et tien,lękel et tien,
ſien.

Sęgondęment,ĸăd

ilz font gvvernes
du verbę, komę. J'e
des biens kę l'on dit
etrę miens, tiens,
siens, notręs, votręs.

Son, Sa, Ses, font
resiprokęs a un sin-
gulier: komę, Lvr, e
Lvrs, font resiprokęs
a pluziers: komę, Iã
eimę son perę, sa me
rę, sęs fis, sęs filęs,
Pvl et mon ami, e
portant je svhetę sa
prosperite, e rezistę
a tvs sęs ennęmis. Ki
sęroet solesismę en
Latin, Paulus est
mihi amicus, pro-
pterea prosperi-
tatę suã exopto,
& omnibus suis
inimicis resisto.
Kar pvr, suã, e suis,
il fvt dirę Ipsius, v
Illius.

Me-

ils font gouuernes
verbe, côme. Iay d
biens que lon dict
tre miens, tiés, fier
noftres, voftres.

Son, Sa, Ses, fo
reciproques a vn fi
gulier: comme, Le
& Leurs, fôt recipr
ques a plufieurs: c
me, Ieã ayme fon p
re, fa mere, fes fils, f
filles, Paul eft mon
my, & pourtãt ie fo
haitte fa profperit
& refifte a tous f
ennemis. Qui fero
folecifme en Lati
Paulus eft mihi am
cus propterea profperit
tem fuam exopto, & o
nibus fuis inimicis re
fto. Car pour, *fuam,*
fuis, il fault dire *Ipfiu*
ou *Illius.*

Me

Mefmes, eft con-
inct auec tous nôs
pronoms demon-
atifs, & relatifs, &
t feul relatif articu-
auec fon antece-
ent: comme,Pierre
efte a Romme,& le
efme Pierre en eft
euenu.Voftre côfeil
efte dômageable a
lufieurs,mais le mef
ne confeil ma gran-
lement proffite.

Il,fe peult ioindre
u nom propre apres
article, & aulx apel-
atifs indiferammēt,
côme,La mefme Mar
guerite, le mefme hô
me,lhomme mefme.
Ainfi moy mefme ,
toy mefme, foy mef-
me, luy mefme ,elle
mefme,qui mefme.

*Memę ,ét кon-
joint avéк tọs noms
é pronoms démon-
ftratifȝ,é ręlatifȝ,é
et feȥl ręlatif artiкu
le avéк fon antefé-
dént:кomę,Pierrę a
éte a Romę,é lę me-
mę Pierrę én ét rę-
vęnu. Votrę кonfęȥ
a ete domajablę a
pluzievrs,més lę me
mę кonfęȥ m'a grã-
dęmént profite.

Il fę peȥt joindrę
ạ nom proprę aprés
l'artiкlę,é ạs apela-
tifȝ indiféramént,
кomę,La mémęMar
gęritę, lę mémę o-
mę , l'omę mémę.
Éinfi moé mémę ,
toé mémę, foé me-
mę ,lui mémę, elę
mémę,кimémę.*

K iiij

Çap. 5. dę la konvę-
nanßę du nom
avęk lę verbę.

Chap. 5. de la conu-
nanse du nom
uec le verbe.

D. *Vos avés aßes bien menaje nos dis pronoms, nõ ßelęmęnt en lęr demõstraßion, ręlaßion, poßeßion: męs beaukop plus ęn l'ordrę dę lęr konstruxion, e prinßipalęmęnt ęn la reßiprokaßion dę Son, Sa, Sés, Lęr, Lęrs, ʒ en Latin nos dõnons bien ßrvent dę bęas ßoflez a Prißian en reglãt l'orezon Latinę ßęlon la reglę du langaje franßoe. Vęnõs meintęnãt a la kõvęnãßę du nom e du verbę.* P. *La konvę-nanßę du nom avęk*

D. Vous aues aßi biê meßnage n... dix pronoms, nõ ße-lemęt en leur dem... stration, relation, p... ßeßiõ: mais beaucou... plus en lordre ... leur constructiõ, principallemęt en reciprocatiõ de So... Sa, Ses, Leur, Leur... ou en Latin nous dõ... nons bien ßouuęt ... beaulx ßouffles a Pr... ßcien en reiglant l... raißon Latine ßelo... la reigle du langaig... Francoys. Venon... maintenant a la con... uenãce du nom & d... verbe. P. La conue... nance du nom aue...

verbe est en nom-
e & en personne.
: nom precedét de
nt le verbe est icy
pelle suppost, Le
rbe appost.

Ie & Moy & Nous
nuiénent a la pre-
iere personne: Tu
Toy & Vous a la
conde: tous aultres
oms a la troisiesme.

Les premieres &
condes personnes,
ombien quen Latin
lles soyent souuent
ntendues, sont touf-
ours exprimees, có-
ne: Ie lis, Tu vois,
Nous aymons, vous
hantes: sauf si nous
ómádons ou priós:
omme, Ayme Dieu,
Aymons Dieu, Ay-
nes Dieu, Faictes ce-
a pour lamour de

lę verbę et en nom-
brę e en persoņ. Lę
nom presedent dę-
vant lę verbę et isi
apęle supo, Lę ver-
bę apo.

Ię e Moe e Nos
konvienęt a la prę-
mierę persoņ: Tu e
Toe e Vos a la sęgõ-
dę: tos avtręs nems
a la troeziemę.

Les pręmieręs e
sęgondęs persoņs,
kõbien k'en Latin
elęs soęt sovent en-
tenduęs, sont tojors
exprimeęs, komę: Ję
li, Tu voes, Nos ei-
mons, Vos çantes:
savf si nos komãdos
v prions: komę, Ei-
mę Diu, Eimons
Diu, Eimes Diu, Fe-
tęs sęla por l'amor

dę moę. Vęnes ſil
vos plęt: Saſ aſſi en
ſęs repoſęs. Tu as
çante, Non ę: J'e rę-
poze: non as? Il a ſa-
tisfęt? non a. Iſi lę ſu
po ęt entendu : Ję,
Tu, Il. AV kontrerę
lę verbę apo kelkę-
foę ęt entendu dę
kelkę ątrę verbę
preſedent : komę, A
la mienę volonte kę
mes oręlęs fuſęt ſor-
dęs, ą ta lągę muętę.
Vos entendes, Fut.

Ję e Tu ſont pro-
pręment lęs ſupos
dę la premierę e ſę-
kondę perſonę: tątę-
foę, Moę e Toę ſont
ſupos du verbę avek
lęs kõjonxios, E, ą,
komę: Toę e moę lę
ferons, Toę e moę
irons

moy. Venes ſil vo
plaiſt: Sauf auſſi
ces reſponces. Tu
chante, Non ay: I
repoſe: non as? Il a
tisfaict? non a. Icy
ſuppoſt eſt entend
Ie, Tu, Il. Au cõtrai
le verbe appoſt qu
quefois eſt entẽdu
quelque aultre ver
precedẽt: comme,
la mienne volonte
mes aureilles fuſſe
ſourdes, ou ta langu
muette. Vous ente
des, Fuſt.

Ie & Tu ſont pr
prement les ſuppoſ
de la premiere & ſ
cõde perſonne: to
tesfois, Moy & T
ſõt ſuppoſts du verb
auec les conionctiõ
Et, Ou, cõme: Toy
moy le ferõs, Toy
mo

y irons lá, Toy &
an feres cela, Toy
moy le ferons. Ils
uent auſſi de ſup-
ſt en reſponce, có-
e: Qui a faict cela?
oy, Toy.

Il, eſt ſuppoſt in-
termine de la tier-
perſonne des ver-
s, Eſtre & Falloir:
omme, Il eſt bon : Il
t neceſſaire de bié
ure. Il fault bien vi-
re. Le ſemblable eſt
euất i,a, Ny a: com-
ne, Il y a infinis hom
hes meſchãs. Il ny a
omme au mõde bié
iuant. Quand nous
ommandons a la ſe-
óde perſonne, Toy
& Vous, le relatif,
Qui, eſt ſuppoſt, com
ne: Fais cela, toy qui
cendors, Faictes cela,

irons lá, Toe e jan
fçres ſçla, Toe v moe
lç fçrons. Ilz ſervçt
aſi dç ſupo en repõ-
ſç, komç: Ki a fçt ſç-
la? moe, Toe.

Il, et ſupo inde-
termine dç la tierſç
perſonç des verbçs,
Etrç e Faloer: ko-
mç, Il et bon: Il et
neſeſerç dç bien vi-
vrç. Il fat bien vi-
vrç. Lç ſemblablç et
dçvant i, a, N'i a:
komç, Il i a infinis
omçs meçans. Il n'i
a omç au mõdç bien
vivant. Kand nos
komandons a la ſç-
gondç perſonç, Toe
e Vos, lç rçlatif, Ki,
et ſupo, komç: Fe
ſçla., toe ki t'en-
dors, Fetçs ſçla, vos

ki etes oezifz.

Ki relatif konvient a tote persone, kome: Je suis selui, ki: tu es selui ki, Il et selui ki, &c.

Kelkefoe le relatif et suprime: kome, Fe sela toe: Fetes sela vos. Kad nos komadons a la tierse persone: Ke, et avant le supo: kome. Ke tote persone loe le Sener, Ke totes kreatures manifiet ler kreater. K'il eime son bienfeter: K'ilz eimet lers bienfeters.

Ke, n'et point nominatif k'avek le verbe sustantif, e lors il et de tote persone: kome, Je sui

se

vous qui estes oysi...

Qui relatif co
uient a toute perso
ne, côme: Ie suis
luy, qui: tu es celuy
Il est celuy, qui, &c

Quelquefois le
latif est suprime: co
me, Fais cela toy: F...
ctes cela vous. Qu...
nous cômadons a
tierce persône: Qu...
est auant le suppo...
comme. Que tou...
personne loue le Se...
gneur, Que tout
creatures magnifie...
leur createur. quil a...
me son bienfaicteu...
Quils ayment leu...
bienfaicteurs.

Que, n'est point n...
minatif quauec l...
verbe substantif, ...
lors il est de toute...
sonne: côme, Ie su...

6

que ie suis. Tu es
que tu es : Il est
quil est.

Quel auec article
...ult estre gouuerne
...r le verbe actif: cō-
...e, Ie suis celluy, le-
...uel vous desires.

Le verbe infiny ar-
...cule est souuent a-
...ost pour le nom:cō-
...ne, Le mãger,le boi-
...e: qui sõt des Grecs,
ὸ φαγεῖν,τὸ πινεῖν : cō-
...ne aussi les Latins
...ient,*Scire tuum,Velle*
...ũ. Ton scauoir,son
...ouloir.D.Ceste con-
...enance a bien ie ne
...cay quoy de gétil en
...elle variete de sup-
...ost en Ie, Tu, Moy,
...Soy. Auõs no⁹ point
...quelque anomalie en
...a cõuenãce du nom-
...bre & de la persõne?

*sę кę ję ſui , Tu e's ſę
кę tu e's: Il et ſę к'il
et. Kel,ave'к arti-
кłę pet e'trę gɔve'r-
ne par lę verbę a-
кtif:komę, Ję ſui ſę-
lui,lęкe'l vɔs deſires.*

*Lę verbę infini
artiкule e't ſɔve'nt
apo pɔr lę nom : ko-
mę, Lę mãje'r,lę boe'
rę,кi ſont de's Gre'x,
τὸ φαγεῖν,τὸ πινεῖν:
komę aſi le's Latins
dięt,* Scire tuum,
Velle ſuũ. *Ton ſa-
voe'r,ſon vouloe'r.*D.
*Sętę кɔnvęnanſę a
bie'n ję nę ſe koe' dę
jentil e'n telę varie-
te dę ſupo,e'n Ję,Tu,
Moe',Soe'. Avõs nɔs
point кelкę anoma-
lię e'n la кɔnvęnan-
ſę du nombrę e' dę
la persõnę?*

Çap.6.de l'anoma-
lie de l'ordre,
entre le nom e
le verbe.

P. *Kombien k'en
l'orezon Frãsoe-
ze l'ordre (kome j'e
predit) soet singu-
lierement garde av
pri des Grex e La-
tins, ki ont ordine-
rement levrs iperba-
tes e traverses de
mos, totefoe nos exe-
dons en ses manie-
res. Je, Tu, Nos, Vos,
en interrogant sui-
vet le verbe apo,
kome: Ire-je la? Iras
tu la? Item, Moe, toe
Il, en interrogant e
repõdãt, Et-se moe?
Et se toe? Somes nos
bien avizes? Etes
vos sajes? Et il arri-
ve?*

Chap.6.de lanom
lie de lordre, e
tre le nom .&
verbe.

P. Combiẽ quen l
raison Francoy
lordre(cõme iay pr
dit) soit singulier
mêt garde au pris d
Grecs & Latins, q
ont ordinaireme
leurs hyperbates
trauerses de mot
toutefois nous exc
dõs en ces manier
Ie, Tu, Nous, Vou
en interrogant suiu
le verbe appost, cor
me: Iray-ie la? Iras
la? Item, Moy, toy,
en interrogant & r
spondãt, Est-ce mo
Estce toy? Somm
nous biẽ auises? Est
vous saiges? Est il a
u

? Eſt-ce til? Ceſt
oy, ceſt toy, ceſt il:
e neſt pas moy, Ce
ſt pas toy, Ce neſt
pas. Ainſi en la pa-
nthese (dict il) dict
le, dient ils, diſent
les. Me, Te, Se,
ous, Vous, Luy,
eurs præcedent le
rbe gouuernãt, có-
e.Ie me recommã-
e, Tu te priſes, Il ſe
urmente. Il nous
enace, Il vous ap-
elle. Ie luy diray.Ie
urs eſcriray.

Meſme auſſi eſt
is en fin de la clau-
e. Ie lay faict moy
eſme. Tu las ouy
oy meſme,Luy meſ-
ne,Nous,Vous,eulx
eſmes.

ve? Et-ſę til? S'et
moe, ſet toe, ſet il:
Sę n'et pas moe, Sę
n'et pas toe, Sę n'et
il pas.Einſi en la pa-
rentezę (dit il) dit
elę, dięt ilʒ, dizęt
elęs.Mę,Tę,Sę,Nʋs,
Vʋs, Lui, Leʋrs pre-
ſedęt lę verbę gʋ-
vernant, komę. Ję
mę rękomandę, Tu
tę prizęs, Il ſę tor-
męntę. Il nʋs mę-
naſę, Il vʋs apelę.
Ję lui dire. Ję leʋrs
ekrire.

Mémę aſi et
mis en fin dę la klʋ
zę. Ję l'e ſet moe
mémę. Tu l'as ʋi
toe mémę, Lui me-
mę, Nʋs, Vʋs, ęs
mémęs.

Çap.7. de l'anoma- lie du nombre, e de la persone.	Chap.7. de lanom lie du nombre de la perfonne.

*D. Voela donkes
por nos iperba-
tes e çãjemens d'or-
dre bien avtrement
ke les Grex e La-
tins, ki ne regardet
en sela ke le nom-
bre oratoere sele-
ment. Or a nos se
seroet un lourd so-
lesisme de suivre isi
l'ordre de l'art, e di
re, Je ire la? Toe et
se? Il prize se: Il me-
nase nos: Ke dites
vos de l'anomalie
du nombre e de la
persone? P. Nos Frã-
soes se sont isi bien
fort lisensies.*

*Premierement,
avs noms sinifians
mul-*

D. Voila doncqu
pour nos hyp
bates & changeme
dordre bié aultrem
que les Grecs & L
tins, qui ne regarc
en cela que le nõb
oratoire feulemer
Or a nous ce fer
vng lourd folecift
de fuiure icy lord
de lart, & dire, Ie ir
la? Toy eft-ce? Il pr
fe: Il menace nou
Que dictes vous
lanomalie du nor
bre & de la perfc
ne? P. Nos Franco
fe font icy bien f
licencies.

Premieremen
aulx noms fignifi
m

ltitude : comme.
afcun ont cōmen-
a fefleuer pour a
mmēce. Vne bien
āde partie ont efte
ures ou meutris,
ur a efte nauree &
eurtriee : ou il y a
uātaige anomalie
e genre mafculin
ur le femenin.

Secōdemēt, quād
verbe fingulier eft
uelquesfois applic-
ue, non pas au fup-
oft plurier, cōme il
ebuoit, ains au nom
ingulier gouuerne
lu verbe, cōme : Les
ourroux des amou-
eulx ceft vng renou
rellement damour,
Ceft, pour Sont. D.
Ces anomalies font
cōmunes aux Grecs
& Latins. P. Vous di-

multitudę:ĸomę.Ça
ĸun ont ĸomenſe a
ſelęver pᴕr a ĸomen
ſe.Unę bien grandę
partię ont ete na-
vres ᴕ mᴕrtris,pᴕr a
ete navreę e mer-
trię:ᴕ il i a davan-
taję anomalię dę
jenrę maſĸulin pᴕr
lę fęmęnin.

Sęgondęment,
ĸăd lę verbę ſingu-
lier et ĸelĸęfoe apli
ĸe,nŏ pas av ſupo plu
rier,ĸomę il dęvoet:
eins av nom ſingu-
lier gᴕverne du ver
bę,ĸomę:Les ĸᴕr-
rᴕs dęs amᴕres ſet
un ręnovelęmēt d'a-
mᴕr,Set,pᴕr Sŏt.D.
Ses anomalięs ſont
ĸomunęs avs Grex
e Latins.P.Vᴕs di-

tęs vre, mes nos en
avons bien d'avtręs.
Pręmieręment por
modeſtię e reveren-
ſę nos uzons du plu
rier dę la ſęgondę
perſonę por lę ſingu
lier:kome en parlăt
a un ſel nos dizŏs:
Vos eimes bonę rę-
nomeę: Vos ętęs a-
miablę: en koe l'o-
rezon n'a point av
batiment des mos
avkunę repuŋăſę kŏ-
tre l'art, mes kontrę
la ſentenſę:e Kinti-
lien a dit kę ſet
ſemblablę ſoleſiſmę
dę dirę en parlant a
un. Venite, vęnes,
k'en parlant a plu-
ziers dę dirę, Abi,
Va t'en. D. Voela
grand mervęlę en
ſes lăgęs k'unę me-
mę

ętes vray. Mais no
en auōs bię daultr
Premierement po
modeſtie &reuere
ce nous vſons du p
rier de la ſecōde pę
ſonne pour le ſing
lier, cōme en parla
a vng ſeul nous diſ
Vous aymes bōne r
nommee: Vous eſt
amiable: en quoy l
raiſon na point au
ſtiment des mots a
cune repugnance c
tre lart, mais cōtre
ſentence: Et Quin
lien a dict q̃ ceſt ſe
blable ſolecifme
dire en parlāt a vn
Venite, venes, qu
parlant a pluſieurs
dire, Abi, Va te
D. Voyla grand me
ueille en ces langu
quune meſme ora
ſo

on soit louable en
ine, qui est blasmee
n lautre, & qué La-
in ce soit solecisme,
e qui est atticisme
en Francois. P. Mais
vous aues bien dauã-
aige. Car en ceste
mesme facon de par-
ler apres le verbe plu
rier, nous vsons du
nom singulier:ou biē
apres le nom singu-
lier, nous vsons du
verbe plurier: cóme,
Vous estes le pre-
mier homme du mõ-
de. Vous estes excel-
lent orateur, Mon fils
venes ca, Mon amy,
escoutes moy. Com-
bien que nous vsons
aussi du verbe singu-
lier, voire en plus grã
de affection:comme,
Mon Dieu regarde

me orezon soet loa-
ble en l'une, ki et
blamee en l'avtre, e
k'en Latin se soet
solesisme, se ki et a-
tisisme en Fransoe.
P. Mes vrs aves
bien davantaje.Kar
en sete meme fason
de parler apres le
verbe plurier, nrs
uzons du nom sin-
gulier: o bien apres
le nom singulier,
nrs uzons du verbe
plurier: kome, Vrs
etes le premier ome
du monde. Vrs etes
exelent orater, Mõ
fi, venes sa, Mon a-
mi ekotes moe. Ko-
bien ke nrs uzons
asi du verbe singu-
lier, voere en plus
grande afexion:ko-
me, Mõ Diu regar-

dę moe: Mes sętę lį-
sęnsę du n̆obrę plu-
rier pɔr lę singulier
et ęnkoręs ɑvtrę-
męnt pratikęę par
nos Roes e Maji-
stras en parlãt d'es
memęs, pɔr m̆oftrer
l'exelęnsę dę lęvrs e-
tas. Çarlę par la
grasę dę Diu Roe
dę Fransę, salut, Sa-
voer fęzons. Antoe-
nę du Prat gardę
dę la Pręvote dę Pa-
ris, salut, Savoer fę-
zous: A l'exemplę
dękoe lę vulgerę,
voerę les Prinsęs e
grãs sęnęvrs ont or-
dineręmęnt en la
bɔcę. Je dirons, Je
fęrons. Sę ki et kon-
damne par ɑvkuns
Grãmeriens dizãs,
kę lę Fransoe nę sę-
frę

moy: Mais ceste lic[e]
ce du n̆obre plurie[l]
pour le singulier e[t]
encores aultremen[t]
practiquee par no[s]
Roys & Magistrats
en parlãt deulx me[s]
mes, pour monstre[r]
lexcellence de leur[s]
estats. Charles par l[a]
grace de Dieu Ro[y]
de France, salut, Sca[-]
uoir faisons. Anthoi[-]
ne du Prat garde d[e]
la Preuoste de Paris
salut, Scauoir faisons
A lexemple dequo[y]
le vulgaire, voire le[s]
Princes & grands sei[-]
gneurs ont ordinai[-]
remęt en la bouche
Ie dirons, Ie ferons
Ce qui est condamp[-]
ne par aucuns Gram[-]
mairiens disans, qu[e]
le Francoys ne seuf[-]
fr[e]

e iamais quun nom
u pronom fuppofe
1 verbe foit de nõ-
re different: mais ie
enfe bien que lufai-
e fen difpenfera, &
uil renuerfera le iu-
ement de ces cen-
eurs : voyre fes do-
teurs mefmes(fi lon
echerche leur lan-
ҫaige) porteront tef-
noignage a lencõtre
le leur doctrine en
parlãt en cefte facon.
Il eft deulx géres fim
ples:Il eft plufieurs e-
fpeces danimaulx :
Mais quevoules vous
plus ? Demandes au
Palais de Paris quelle
heure il eft quand la
court fe leue:il ny au-
ra aduocat fi grand
orateur quil foit,quil
ne vous refponde, il

frę jame's k'un nom
v pronom fupoze a
verbę foet dę nom-
brę diferent: me's ję
penfę bien kę luza-
ję f'en difpenfęra , e'
k'il renverfęra lę ju-
jęment dę fęs fen-
fers : voerę fęs do-
kters memęs (fi lon
reçerçę leur langa-
ję) portęront temo-
naję a l'enkontrę dę
leur doktrinę e'n par
lant e'n fętę fafon.
Il et deus jenręs fim-
plęs : Il et pluzieurs
efpefęs d'animaus :
Me's kę vvles vvs
plus? Demandes a
Pale' dę Paris kelę
erę il et kand la
kvrt fę levę: il n'i a-
ra avokat fi grand
orateur foet il, k'il
nę vvs repandę, il

et dis ęręs.Il i a unę
anomalię dę perſo-
nę, ᴋand la pręmie-
ręperſonę aveᴋ la
ſęgondę é troezie-
mę et mizę por la
pręmierę: é la ſęgõ-
dę aveᴋ la tierſę por
la ſęgondę,ᴋomę:Si
nę moé, nę toé, nę
l'avons fé : Moé é
mon frerę avons ᴋo-
mandęment dę vę-
nir a Romę. Toé é
Marię çãtes enſem-
blę. Mes ſęt' ano-
malię et bien avtrę
en ſes manieręs dę
parler. Et ſe moé?
Toé? Il? Nos? Vos?
Es? Sę n'et point
moé. Sę n'et point
toé? Sę n'et il point,
Sę n'et point nos,
vos,es.ᴋombien ᴋę
la rezon dę Gram-
me-

eſt dix heures. Il y
vne anomalie de pe
ſõne,quãd la premie
re perſonne auec l
ſecõde & troiſieſm
eſt miſe pour la pre
miere : & la ſecond
auec la tierce pour l
ſecõde,comme:Si n
moy ne toy, ne lauõ
faict: moy & mon fr
re auons commãde
ment de venir a Rõ
me. Toy & Marie
chantes enſemble .
Mais ceſte anomalie
eſt bien aultre en ces
manieres de parler.
Eſt-ce moy? Toy? Il?
Nous?Vous?Eulx?Ce
neſt point moy. Ce
neſt point toy? Ce
neſt il point, Ce neſt
point nous, vous,
eulx. Combien que
la raiſon de Gram-
mai-

aire vaille auſſi en   mere valę aſi en
uelquun, côme: Ce   kelk'un, kome: Sę
iis ie. Ce ſommes   ſui-ję.Sę ſomęs nęs,
ous.Ce ſôt ils:pour,   Sę ſont ilz:por. S'et
Ceſt moy,Ceſt nous,   moe. S'et nęs. S'et
Ceſt eulx. En aulcun   es. En aḳnn l'uza-
uſaige a ſurmonte   ję a ſurmonte l'art,
art, comme: Eſt-ce   kome: Eſt ſę moę? e
noy? & non pas,Sui-   non pas,Suiję ſę? D.
e ſe?D. Or ſa que les   Or ſa,ḳę les Grex ſę
Grecs ſe glorifiēt de   glorifięt dę lęrs a-
leurs atticiſmes παι-   tiſiſmęs, παιδα
δα παίζει, ζῶα τρέχει.   παίζει, ζῶα τρέχει.
Les enfans ſe ioue,   Les enfás ſę jⱴę, lęs
les animaulx court,   animⱴs kⱴrt, pⱴr,
pour, iouent, courēt.   jⱴęt, kⱴręt. Ḳę lęs
Que les Latins ſe vã-   Latins ſę vantęt dę
tent de leur latiniſ-   lęr latiniſmę,Stoi-
me, *Stoicos irridēdi ſui*   cos irridendi ſui
facultatem dediſſe. Les   facultaté dediſſe.
Stoicques auoir don-   Les Stoiķęs avoer
ne occaſió de ſe moc-   done oḳazion dę ſę
quer de ſoy, pour   moķer dę ſoe, pⱴr
deulx. Nous auons   d'ęs. Nⱴs avons
nos Franciſmes, qui   nos Franſiſmęs, ḳi
leurs metterôt la pail   lęrs mętront la pa-

ſę en l'eſ, Mon çęr
ami ſɔlajes moě,
vɔs ętęs omę ver-
tueſ, Çarlę Roě dę
Franſę ſavoěr fę-
zons. Il et dɔzę ę-
ręs, Ię çătęrons. Kar
par tɔt, ſ'et unę me-
mę liſenſę dę nom-
brę:mais ſur tɔt ſętę
liſenſę dę perſonę,
S'et moě, S'et toě,
S'et nɔs et ſingulie-
rę, ĸę ni lеs Gre'x, ni
lеs Latins n'ozę-
roёt ſonjer: Ę ſi ĸel-
ĸę Grămerien vɔ-
loёt depɔlęr notrę
langę dę tels ornę-
mens, Ęt ſę moě?
Ęt ſę toě? S'et moě,
S'et toě, ſę ſęroёt ĸo-
mę degęiner l'epeę
lui tɔt ſеl a l'enĸŏ-
trę dę tɔtę la Fran-
ſę.

Çap.

le en l'œil, Mon ch[e]
amy ſoulages moy
vous eſtes hóme ve
tueux, Charles Ro
de Frāce ſcauoir fa
ſons.Il eſt douze he
res,Ie chāterons.Ca
par tout ceſt vne me
me licence de nom
bre: mais ſur tout ce
ſte licēce de perſon
ne, Ceſt moy, Ceſ
toy,Ceſt nous eſt ſin
guliere, que ny le
Grecs, ny les Latin
noſeroiēt ſonger: E
ſi quelque Grammai
riē vouloit deſpouil
ler noſtre langue de
tels ornemens,Eſt ce
moy? Eſt ce toy? Ceſ
moy, Ceſt toy, ce ſe
roit cóme deſgainer
leſpee luy tout ſeul a
lencontre de toute la
France.

Chap.

Chap.8.du verbe in-
finy, & imperson-
nel, Item du par-
ticipe.

D.vous estes fort a-
moureulx de vo-
re patrie, & masseu-
ayie bien quil ne tié-
ra point a vo° quel-
ne soit esgalee aulx
lus braues natiõs de
 terre. Mais pour-
iuõs nostre propos.
e verbe deliberatif
ouuerne linfiny.Tu
eulx aymer, Tu vas
hasser, Venes voir.
Quelquefois le ver-
e deliberatif est sup
rime. Et matins de
ourir, & nous daller
pres, Vous entédes
commencerent, cõ-
nencasmes.)Le præ-
erit infiny est prati-

*Capit.8. du verbe
infini, e imper-
sonel, Item du
partisipe.*

*P.Vos etes fort a-
more de votre
patrie, e m'asere-je
bien k'il ne tiendra
point a vos k'ele ne
soet egalee as plus
braves nasions de la
terre. Mes porsui-
vons notre propos.
Le verbe delibera-
tif governe l'infini.
Tu ves eimer, Tu
vas çaser, Venes
voer. Kelkefoe le
verbe deliberatif et
suprime. E matins
de kurir,e nos d'aler
apres,Vos entendes
(komenseret, ko-
mensames.) Le pre-
terit infini et prati-*

ke d'unę avtrę faſon.
Vu kę vus etęs ſi ſa-
jęs, ſ'et mervelę, &c.
Atendu ſa predo-
mię on lui fęt kre-
dit. Koſidere tvt ſę,
kę deſus, nvs jujons,
&c. S'et a dirę a-
pres avoer vu, aten-
du, koſidere. Lę ver
bę Latin imperſo-
nel dę voe aktivę et
explike par, Il, e dę
voe paſivę par, On,
komę, Oportet, Il
fvt, Conuenit, Il
konvient: Amatur,
On eimę, Cœna-
tur, On ſvpe. L'arti-
klę i et kelkęfoe ajv-
te, a rezon dę l'evfo-
nię, e pvr, On, nvs di
zos l'on, komę: L'on
dit: kę fęt l'on? Mes
kant lę verbę et ter
mine en, ę, l'artiklę
et

que dune aultre fa
Veu que vous eſte
ſaiges, ceſt merueil
&c. Attendu ſa pre
dhomie on luy fa
credit. Coſidere to
ce, que deſſus, nous
geons, &c. Ceſt a di
apres auoir veu, att
du, conſidere. Le ve
be Latin imperſon
de voix actiue eſt e
plicque par, Il, &
voix paſſiue par, O
come, Oportet, Il faul
Conuenit, Il conuien
Amatur, On aim
Cœnatur, On ſoupp
Larticle y eſt quel
quefois adiouſte,
raiſon de leuphoni
& pour, On, nous d
ſons lon, come: Lo
dit: que faict lo? Ma
quat le verbe eſt te
mine en, e, lartic
e

neceſſaire, cóme,
me lon?ſouppe ló?
dict auſſi, Ayme
? Souppe ton, en
erpoſant, t, cóme
uent aillieurs, qui
vne telle elegance
mme auparauant,
ris & pleure, Mon
e.

Chapitre 9. de la periphraſe des verbes.

D.Par ainſi vous a-
ues icy recerche
ut plain de particu-
rites ſingulieres, de
aniere q̃ nos Grã-
airiés ſans cauſe &
ns raiſon afferment
ue nous nauons aul-
un art de ſintaxe. Ie
ous prie continues
e diſcours. Iay apper

et neſeſèrę, komę,
Eimę lon?ſvpę l'on?
On dit aſi, Eimę
ton?Svpę ton, en in-
terpozant, t, komę
ſvvênt aęrs, ki et
unę telę eleganſę
komę avparavant,
Ję ris e plerę, Mon
amę.

Çapitrę 9. dę la perifrazę des verbęs.

D. Par einſi vvs
aves iſi reçerçę
tvt plein dę partiku
larites ſingulieręs,
dę manierę kę nos
Grammeriens ſans
kvzę e ſäs rezon a-
fermętkę nvs n'avôs
avkü art dę ſintaxe.
Ję vvs prię kõtinues
ſę diſkvr. J'e aper-

su es verbes une grã
de defaḷanse, lakeḷe
vos aves rezervee
pòr la sintaxe, einsi
k'aves fet en Latin.
P. Vos aves bone
memoere. Le Fran-
soe a defat de plu-
ziers verbes, kome
de tos les tans par-
fes aktifs, fors le
premier preterit, e
de tos les pasifs, y il
i a totefoe grãde a-
bondanse d'orezon
par perifraze e sir-
konlokusion, s'et a
dire par sintaxe de
pluziers mos. D.
Keḷe et seṭe abon-
danse. P. La sintaxe
des tans aktifs, tant
preteriz ke futurs,
et kompozee de ler
infini preterit avek
le verbe, Avoer, ko-
me

ceu es verbes vne g
de defaillãce, laqu
le vous aues reser
pour la sintaxe, ai
quaues faict en Lat
P. Vous aues bon
memoire. Le Fra
cois a default de p
sieurs verbes, com
de tous les tẽps p
faicts actifs, fors
premier præterit,
de tous les paffifs,
il y a toutefois grã
abondance dorais
par periphrase & c
cõlocution, ceft a
re par syntaxe de p
sieurs mots. D. Qu
le eft cefte abonda
ce. P. La Syntaxe d
temps actifs, tant pr
terits que futurs e
composee de leuri
finy præterit auec
verbe, Auoir, con
m

pour le præterit,
auifti,Nous ne di-
s point feullemét,
 aymas, mais par
te Syntaxe, Nous
ons dauātaige, Tu
 ayme , Tu eus
me,Tu as eu ayme,
tre lefqueles, Tu
mas , Tu eus ay -
e font oriftes , Tu
ayme,Tu as eu ay-
e fōt aoriftes: Ainfi
 premier præterit
t quadruple. Le fe-
d præterit eft octu-
e pour vng feul La-
n Amaueris.Les qua-
es premiers ont la
eriphrafe fimple, &
e par les trois pre-
s,As,Ayes,Aurois,
par le præterit im-
arfaict,Auois:cōme.
eu que tu as ayme,
ombien que tu ayes

*mę pŏr lę preterit,
Amauifti, Nŏs nę
dizons point felę-
mēt, Tu eimas, mes
par fetę Syntaxę,
Nŏs dizons dwāta-
ję, Tu as eime, Tu
us eime. Tu as u ei-
me, entrę lefkelz,
Tu eimas, Tu us ei-
me,sŏt oriftęs,Tu as
eime , Tu as u eime
font aoriftęs : Einfi
fę premier preterit
et kadruplę . Lę fę-
gŏd preterit et oktu-
plę pŏr un fel La-
tin,Amaueris.Les
katrę premiers ont
la perifrazę fimplę,
e fę par troes prę-
zens,As,Eięs,Au-
roes,e par lę preterit
imparfet,Avoes:ko-
mę. Vu kę tu as ei-
me,kŏbien kę tu eięs*

eime. O kę volõtier
tu avroes eime. Vu
kę tu avoes eime, Vu
kę tu as u eime, kõ-
bien kę tu eięs u ei-
me, Vu kę tu avoes u
eime: ð, Avoes, e a-
voes u sõt oristęs, les
avtręs sont aoristęs.
Lę troeziemę pre-
terit, Amauisses,
et sextuplę, les troes
premieręs perifra-
zęs sõt par Avroes,
ußęs, avoes: Lęs a-
tręs ajõtęt u, komę:
Kand tu avroes ei-
me, Si tu ußęs eime,
Vu kę tu avoes ei-
me. Puis lon ajõtę,
u, komę dęvãt, Av-
roes u eime, ußęs u
eime, avoes u eime,
ð avoes e avoes u, sõt
oristęs, lęs avtręs ao-
ristęs. Lę katriemę
pre-

ayme.O q̃ volonti
tu aurois ayme, V
q̃ tu auois ayme: V
que tu as eu aime,
biē que tu ayes eu
me: Veu que tu au
eu aime: Ou, Auc
& auois eu sont o
stes, les aultres sõt
ristes. Le troisies
præterit, Amauiß
est sextuple, les tr
premieres periph
ses sõt par Aurois,
ses, auois: Les ault
adioustent, eu, cõ
Quand tu aurois
me, Si tu eusses ain
Veu que tu auois
me. Puis lõ adious
eu, cõme deuant, A
rois eu ayme, Euss
eu ayme, auois eu
me, ou auois, & au
eu, sõt oristes, les a
tres aoristes. Le qu
tri

esme præterit, *Ama*
ras, est double, cõ-
e: Tu auois ayme,
u auois eu aime. Le
tur parfaict est dou
le, & oriste, comme
our *Amauero*, Ie au-
ay ayme, Ie auray eu
yme. La periphrase
u præterit infiny est
odecuple, cõme: *Dic*
e Amauisse, Dis que
u aymois, que tu ay-
nas, que tu as ayme,
que tu ayes aime, que
u aurois ayme, que
u eusses aime, que tu
uois ayme: & puis a-
res as, ayes, aurois,
eusses, auois, lõ peult
diiouster, eu, & enté-
dre oriste ou aoriste
comme deuant. D.
Dieu qui as forme la
bouche & le parler
de lhomme, quelle

preterit, Amaue-
ras, *et dʁblę, ĸomę:*
Tu avoes eime, Tu
avoes u eime. Le fu-
tur parfet et dʁblę,
e oristę, ĸomę pʁr A-
mauero, Ję ʍre ei-
me, Ję ʍre u eime.
La perifrazę du pre
terit infini et dode-
ĸuplę, ĸomę: Dic te
Amauisse, *Di ĸę*
tu eimoes, ĸę tu ei-
mas, ĸę tu as eime,
ĸę tu aięs eime, ĸę
tu avroes eime, ĸę tu
usęs eime, ĸę tu a-
voes eime: e puis a-
pres as, eięs, avroes,
usęs, avoes, l'on pet
ajʁter, u, e entendrę
oristę ʁ aoristę ĸo-
mę devant. D. *Diu*
ĸi as formę la bʁ-
çę e lę parler dę l'o-
mę, ĸelę noblesę e

larjeſę dę parolę
voe-ję iſi? Kę l'ŏ nŭs
ręproçę męintęnant
kę notrę lăgę ėt pŭ-
vrę, a kŭzę dęs vėr-
bęs, ſęra ſę pŭrtant
kę pŭr unę parolę kŏ
fuſę nŭs ėn avŏs dŭ-
zę ėn plus dizėrtę
faſon, kę ni lę Grėk,
ni lę Latin nę ſŭ-
roėt ėxprimer. P.
Vŭs ętęs grand ora-
tŭr dės lŭăjęs dę vo
trę patrię. Mės ėkŭ-
tes lę ſurplus. La ſin
taxę du vėrbę paſif
pręzėnt ėt kompo-
zęę dę ſon partiſipę
paſif, ė du vėrbę ſu-
ſtantif ėn gardant
la konvęnanſę du
nombrę, jėnrę ė pėr-
ſonę, komę: Amor,
Ję ſuis ėime, dira
l'omę, Ję ſuis ėimęę,
di-

nobleſſe & largeſ
de parolle voyie ic
Que lon nous repr
che maintenant q
noſtre lăgue eſt pa
ure, a cauſe des ve
bes, ſera ce pourta
que pour vne parol
confuſe nous en au
douze en plus diſe
te facó, q̃ ny le Gre
ny le Latin ne ſça
roit exprimer. P. V
eſtes grand orateu
des louăges de voſt
patrie. Mais eſcout
le ſurplus. La ſyntax
du verbe paſſif preſ
eſt compoſee de ſo
participe paſſif, & d
verbe ſuſtătif en ga
dant la cōuenăce d
nombre, gĕre & pe
ſonne,comme: Amo
Ie ſuis aime,dira lh
me,Ie ſuis aymee,d

la femme: ainſi les
tres temps, *Amer,*
fois aymé, Ie ſoye
mee, *Amarer,* Ie ſe-
ye ayme,ou aimee.
fuſſe aime ou ay-
ee, *Amabar,* Ietoye
me, ou aymee, &
mblablement par
us aultres teps. Il y
quelquesfois vne
rcolocution du paſ-
par le verbe actif,
omme: Ie mappelle
han, Tu tappelles
ierre,Il ſappelleIac-
ues,pour, Ie ſuis ap-
elle,ou lon mappel-
. Item,Les viuiers
e ſeichent, les mon-
agnes ſeleuēt.Quel-
fois en telle ſynta-
e le verbe ſubſtātif
ſt employe pour le
verbe (Auoir) cóme,
le me ſuis aime a RO-

dira la famę: einſi
lęs avtręs tans , A-
mer, Ję ſoię eime,
Ję ſoię eimeę , A-
marer , Ję ſęroe ei-
me, v eimeę, Ję fuſę
eime v eimeę, A ma
bar , J'etoie eime,
v eimee , e ſembla-
blęment par tvs av-
tręs tans. Il ia kel-
kęfoe unę ſirkonlo-
kuſion du paſif par
lę verbę aktif, ko-
mę: Ję m'apelę Jan,
Tu t'apelęs Pięrrę,
Il ſ'apelę Jakę , pvr,
Ję ſuis apele , v l'on
m'apelę . Itęm,Lęs
viviers ſę ſeçęt, lęs
montanęs ſ'elevęt .
Kelkęfoe en telę ſin-
taxę lę verbę ſuſtă-
tif et emploie pvr lę
verbę(Avoer)komę,
Ję mę ſuis eime a Ro

me, vrs vrs etęs ei-
me a Paris. Ję fuis a-
le a Romę , vrs etęs
vęnus a Paris.

me, vous vous eſt
aymes a Paris. Ie ſt
alle a Rome, vous c
ſtes venus a Paris.

Çap. 10. dę la fin-
taxę du partiſi-
pę, por lę prete-
rit infini.

Chap. 10. de la ſy
taxe du particip
pour le præter
infiny.

D. Avŏs nvs poĩt
ĸelĸę atiſiſmę
en nos partiſipęs. P.
Nvs avŏs ĸelĸęs fa-
ſons dę parler fort
elęgătęs par lę par-
tiſipę , e premiere-
męnt aveĸ lę verbę,
Alęr, ĸomę. Il ſen a-
loet dizant , il ſen
va tvt mvrant, por,
Il dizoet, il ſęmert.
Sęĸondęmęnt aveĸ
lę verbę, Avoer, lę
partiſipę paſif et mi
por l'infini , ſi lę fu-
ſtan-

D. Auŏsnous poĩ
quelque attici
me en nos partic
pes. P. Nous auor
quelques facons d
parler fort elegant
par le participe , &
premieremét auec l
verbe, Aller, cŏme.
ſen alloit diſant, il ſe
va tout mourát, pou
Il diſoit, il ſe meur
Secondemét auec l
verbe, Auoir, le part
cipe paſſif eſt mi
pour linfiny, ſi le ſub
ſtan-

tif precede: Com-
e, Ce fõt les graces
e Dieu vous a dõ-
es, pour, a done,
ue fi le fubftantif
it, leverbe infiny fe-
pra&ctique, comme.
ieu vous a dõne ces
races, non pas vous
dõnees. Quelques
rammairiés toute-
ois eftimét en fe par-
cipe, Dõnees, pour
verbe, Donne, vne
urde incongruite,
ais lufaige les com-
at: & a fe propos ie
e veulx oublier vng
oefme de Clement
Marot, que Eftienne
Pacquier aduocat en
Parlemét (duquel le
celebre renom eft hõ
norable en voftre ef-
rolle, pour y auoir
exercé fes ieunes

ftantif prefedę: Ko-
mę, Sę font lės gra-
sęs ĸę Diu vʀs a do-
neęs, pvr, a done, Ķę
fi lę fuftantif fuit, lę
verbę infini fęra
pratiĸe, komę. Diu
vʀs a done fės gra-
sęs, non pas vʀs a
doneęs. Kelĸęs Grã-
meriens vvtęfoe ė-
ftimęt ėn fę parti-
fipę, Doneęs, pvr lę
verbę, Done, unę
lvrdę inĸongruite,
mės l'uzaję lės ĸõ-
bat: ė a fę propo ję
nę vvs oblier un
poemę dę Clemėnt
Marot, ĸę Ėtiėnę
Paĸięr avoĸat ėn
Parlęmėnt (duĸel lę
felebrę ręnom ėt o-
norablę ėn votrę ė-
ĸolę, pvr i avoėr ėx-
erfe fės jenęs ans)

nʋs propoza un jʋr kę nʋs etions en sętę ɪ
ſtion. Marot donkęs etant repri dę telę man-
rę dę parler, ſę defend einſi jentiment.

Enfans oēies unę leſon,
Notrę langę a ſętę faſon,
Kę lę termę ki va dęvant,
Volontier rejit lę ſuivant,
Les vies exemplęs ję ſuivre,
Pʋr lę mie: Kar a dirę ʋre,
La çanſon fut bien ordoncę,
Ki dit, M'amʋr ʋʋs e donęę:
E du batęʋ et etone
Ki dit, M'amʋr ʋʋs e done,
Voela la forſę kę poſedę,
Lę fęmęnin kand il preſedę.
Or prʋvęre par bons temoins,
Kę tʋs pluriers n'en font pas moins.
Il faʋt dirę en termęs parfes,
Diu en ſę mondę nʋs a fes,
Faʋt dirę en parolęs parfetęs,
Diu en ſę mondę lęs a fetęs,
E nę faʋt point dirę en efet,
Diu en ſę mondę les a fet,
Nę nʋs a fet paręlęment,

ns) nous proposa vng iour que nous e-
ions en ceste question . Marot donc-
ues estant repris de telle maniere de
arler, se deffend ainsi gentiment.

Enfans oyez vne lecon,
Nostre langue a ceste facon,
Que le terme qui va deuant,
Volontiers regit le suiuant,
Les vieulx exemples ie suiuray,
Pour le mieulx: Car a dire vray,
La chanson fust bien ordonnee,
Qui dict, Mamour vous ay donnee:
Et du bateau est estonne,
Qui dict, Mamour vous ay donne.
Voila la force que possede,
Le femenin quand il precede.
Or prouueray par bons tesmoings,
Que tous pluriers nen fôt pas moins.
Il fault dire en termes parfaicts,
Dieu en ce monde nous a faicts,
Fault dire en parolles parfaictes,
Dieu en ce monde les a faictes,
Et ne fault point dire en effaict,
Dieu en ce monde les a faict,
Ne nous a faict pareillement,
                    M iij

Mais nous a faict tout rondement,
Litalien(dont la faconde,
Paſſe le vulgaire du monde,)
Son langaige a ainſi baſty,
En diſant, *Dio noi a fati.*
Parquoy quand me ſuis aduiſe,
Ou mes iuges ont mal viſe,
Ou en cela nont grande ſcience,
Ou ils ont dure conſcience.

Voyla que dit Marot pour ſa deffence, nou
allegant, luſaige tant des Francoys que des Ita
liens : & ſemble que ce qualleguent nos repre
neurs pour le contraire ſoit bien foible, ceſ
que ſelon laduis dAriſtote les mots tranſpoſe
doibuent ſignifier vne meſme choſe. Car nou
auons ia demonſtre que le Francoys a certain
ordre en ſon oraiſon, qui ne ſe peult aucunemé
changer. Partant combien que, Mamour vou
ay donne, Dieu en ce monde les a faict, & ſem
blables ſintaxes ſe pourroient debattre, veu qu
elles ſont baſties ſelon la vraye raiſon & reigl
de Grammaire, toutesfois tant ſen fault que ie
marque en ceſte facon de parler aulcune lourd
incongruite, comme font ces Grammairiens,
que de ma part ie donne mon ſuffraige a Ma
rot, me ſouuenant de la ſouuerainete du peu
ple, que nous ont enſeignee Varró & Ciceron,

Me's nʋs a fe't tʋt rondęme'nt.
L'Italie'n(don la faкondę,
Pafę lę vulgerę du mondę,)
Son langaję a e'infi bati,
En dizant,Dio noi a fati.
Parкoe' кant mę fuis avize.
ʋ me's jujęs ont mal vize,
ʋ e'n fęla n'ont grand' fienfę,
ʋ ilʒ ont durę кonfie'nfę.

Voela кę dit Marot pʋr fa defe'nfę,nʋs ale-
gant l'uzaję,tăt de's Frãfoe's кę dęs Italie'ns:e'
fe'mblę кę fę к'ale'gęt nos repręnʋrs pʋr lę кŏ-
tre'rę,foe't bie'n foeblę,fe't кę fęlon l'avis d'Ari-
ftotę le's mos trãfpoʒes doe'vęt finifier unę memę çoʒę. Кar nʋs avons ja dęmŏftre кę lę Frãfoe' a fe'rte'inę ordrę e'n fon oreʒon кi nę fę pʋt
aʋкunęme'nt çanjer. Partant кombie'n кę,M'a-
mʋr vʋs e done',Diu e'n fę mondę lęs a fe't , e'
fe'mblablęs fintaxęs fę pʋrroe't dębatrę,vu кe'-
lęs font batięs fęlon la vreę reʒon e' re'glę dę
Gramme'rę, tʋtęfoe' tant fe'n fʋt кę ję marкę
e'n fętę fafon dę parler aʋкunę lʋrdę inкŏgrui-
te,кomę font fe's Grammerie'ns,кę dę ma part
ję donę mon fufraję a Maròt , mę fʋvęnant dę
la fʋve'reinęte du pʋplę,кę nʋs ont e'nfeneę Var

M iiij

ron e Siſeron: voerę je reputę iſi un ſingulier Franſiſmę, dukel avſi ſes memęs Gramęriens ornęt ler lãgaję, voerę en parlant dę ſętę orezon, Les Franſoes (dięt ilz) l'ont introduitę. Einſi, komę dęvant, telę doktrinę ęt refuteę p ſes dokters memęs. D. Ękoe? je n'ęſę jamęs penſe k'un Fraſoe fut tombe en ſoſi dę telę eleganſę. Męs a ſę kotę, ni Eçines, ni Demoſtenęs, ni Ortenſę, ni Siſeron en kontinſion dę bien parler, onkęs n'i firęt evrę.

voyre ie repute ic vng ſingulier Frãci me, duquel auſſi ſe meſmes Grãmairiẽ ornent leur lãgaige Voire en parlant d ceſte oraiſon, Les Fr cois (dient ils) lont introduite. Ainſi, cõm deuãt, telle doctrine eſt refutee par ſes d cteurs meſmes. D. Ec quoy ? ie neuſſe ia mais pẽſe quung Frã cois fuſt tõbe en ſou cy de telle elegance. Mais a ſe compte, ny Echines, ny Demoſthenes, ny Hortenſe, ny Ciceron en cõ tention de bien parler, oncques ny firent euure.

Cap.11.dę la ſintaxę dęs averbęs.

P.

Chap.11.de la ſyntaxe des aduerbes.

P.

D. Venons a la syn-
taxe des mots sans
ôbre. Les aduerbes
nt leur conuenâce.
'laton parle saige-
nent.Ariftote difpu-
e fubtilemét. Quel-
uefois laduerbe arti
ule eft mis pour le
1om, cóme: Le trop
le bien le gafte.Il y a
peaucoup,ou peu dâf
aires, *Multa,pauca ne-
otia.* Il a tant peur,Il
fi faim, *Tâtum timo-
em,tantam famem.*Il y
uoit vng vingt hom
nes de cheual: vng
cent hómes de pied:
ou,Vng vault autant,
comme: Quafi.

   Dôt, & I,fignifiét
quelque relation:có-
me, Iay veu le liure
dôt vous parles.Vous
alles a Paris,Ie men y
voy apres vous. Il eft

*P. Venŏs a la sin-
taxę de's mos sãs
nombrę.Le's averbęs
ont le'r konvęnanſę.
Platon parlę saję-
me'nt.Aristotę diſpu-
tę subtilęme'nt.Kel-
kęfoe' l'averbę arti-
kule e't mis pvr lę
nom,komę: Lę trop
dę bie'n lę gatę. Il i
a bęavkvp, v pe d'a-
fe'ręs, Multa,pau-
ca negotia.Il a tăt
per,Il a fi fe'in,Tã-
tum timorem,tã-
tã famę. Il i avoęt
un vint omęs dę çę-
val:un fe'nt omęs dę
pied : v, Un vat a-
tant,komę: Kazi.*

   *Dont,e' J,ſiŋifięt
kélkę ręlaſion : ko-
mę, J'e vu lę livrę
dont vvs parles.Vvs
ales a Paris,Ję m'en
i voe apres vvs.Il e't*

malifie, mes j'i do-
nere bien ordre. Je
vus di k'il et fort
malade: Je le di, afin
keuvs i avizies. Kel-
kes averbes font pris
les uns por les avtres,
favoer les averbes de
fimilitude por les a-
verbes de tan : ко-
me, J'arrivoe einfi
k'il departoet:kome
la batale f'atakoet,
la pluie furvint. Le
femblable et des a-
verbes de tan e de
liu pris l'un por l'av-
tre, kome en Grek e
Latin. Les averbes
sot forvent emploies
fans nesefite: kome.
Enkores de reçef,
Puisapres,Seens de-
dens:Leens dedens:
Einfi kome , kafi
prefke. Il me fuffit
de

malicieulx, mais g
dôneray bien ordr
Ie vous dis quil e
fort malade: Ie le d
affin que vous y au
fies.Quelques adue
bes font prins les vn
pour les aultres, fca
uoir les aduerbes d
fimilitude pour le
aduerbes de temps
côme, Iarriuois ain
quil departoit: côm
la bataille fattaquoi
la pluie furuint.Le fe
blable eft des aduer
bes de têps & de lie
prinslun pour lautr
côme en Grec & La
tin. Les aduerbes fô
fouuêt employes fa
neceffites:côme. En
coire de rechef, Pui
apres,Ceans dedan
Leãs dedãs:Ainfi cô
me,quafi prefque.
m

ne suffit de les voir
eullemét, den taster
eullement: Ou alles
vous ainsi? Dót venes
vous ainsi? Venes vng
peu icy : Dictes moy
vng peu : Icy, Seule-
ment, Ainsi, Vngpeu,
sont mis sans aulcune
necessite. Qui est vng
vice contre lart, dont
Ciceron a faict grãd
vertu. Ceste redõdã-
ce est souuent en plu
sieurs negatiõs pour
vne. Ie ne tay point
offense, ny ne le veux
faire. Tu ne trouue-
ras nul compagnon
de ta follie: Ie ne vo⁹
nie pas, que ne soyes
homme de bien. Ie
vous deffend de ny a-
toucher point. Vous
ne men scauries rien
apprendre.

dę lęs voer seulę-
ment, d'en tater sę-
lęment : ꝸ ales vos
einsi ? Dont vęnes
vos einsi ? Vęnes un
pe isi: Ditęs moe un
pe : Isi, Selęment,
Einsi, Un pe, sont
mis sans akunę nę-
sesite. Ki et un visę
kõtrę l'art, dont Si-
seron a fet grand'
vertu. Sętę redõdã-
sę et sovent en plu-
ziers negasions por
unę. Ję nę t'e point
ofense, ni nę lę ve
fęrę. Tu nę trovęras
nul kompanon dę
ta folię : Ję nę vos
nię pas, kę nę soies
omę dę bien. Ję vos
defend dę n'i atꝣ-
çer point. Vos nę
m'en savries rien a-
prendrę.

Çap.12.de's prepo-
zisions.

*D. K'aves vos se-
pare por le's pre
pozisions? P. Sis pre-
pozisions A, a, as,
De, du, de's, embra-
set tote la governă-
se de's noms e de's
verbes : A, e De, a-
vek artikle, o bien
sans artikle selon
l'exijense preskrite:
Les atres totale-
ment sans artikle.
Eles servet totes a
verbe de movement
lokal, kome : Aler a
la riviere, a Paris, a
marçe, as etuves,
Venir de la riviere,
de Paris, du marçe,
de's etuves. Nos di-
zos asi, etre a Paris,
a marçe, as etuves.*
A e

Chapitre 12. des
præpositions.

D. Quaues vous se-
pare pour les præ
positions? P. Six præ-
positions A, au, aux,
De, du, des, embras-
sent toute la gouuer-
năce des noms & des
verbes: A & De, auec
article, ou bien sans
article selon lexigen-
ce præscripte:Les aul
tres totallement sans
article. Elles seruent
toutes au verbe de
mouuement local,
comme: Aller a la ri-
uiere, a Paris, au mar-
che, aux estuues, Ve-
nir de la riuiere, de
Paris, du marche, des
estuues. Nous disons
aussi, estre a Paris, au
marche, aulx estuues.
A &

A & De sont communes a tout nõbre & genre : A, au genitif, datif, accusatif, ablatif. De, au genitif & ablatif, cõme, Robe a homme, a femme : a hõmes, a femmes. Donnes a homme, a femme, a hommes, a femmes. Ie viens a toy, a Paris. Il est a Lyon, Euure de maistre, de maistres : maison bastie de pierre, de pierres.

A, & De, auec le substantif estant gouuerne seruét daiectif, cõme : Homme a cheual, a pied, de cheual, de pied. i. Eques, pedes : Ainsi disons nous, Quelque chose de bon, homme de bié, pour bonne chose,

A e Dę sont komunęs a tot nõbrę e jenrę : A, w jenitif, datif, akuzatif, ablatif. Dę, w jenittf e ablatif, komę : Robę a omę, a famę : a omes, a famęs. Dones a omę, a famę, a omęs, a famęs. Ję viens a toe, a Paris. Il et a Lion, Ovrę dę metrę, dę metręs : Mezõ batię dę pierrę, dę pierręs.

A, e Dę, avęk lę sustantif etant gouverne servęt d'ajektif, komę : Omę a çęval, a pięd, dę çęval, dę pięd. i. Eques, pedes : Einsi dizõs nrs, Kelkę çozę dę bon, omę dę bien, por bonę çozę, bon ome.

A e' De, ʃont ʃovent ʃurentendus, kome : Si diu plet, por, Si plet a Diu, Item, La rue S. Denis, la porte S. Martin, l'eglize notre Dame : Forʃ ekus, forʃe terres e revenus. Kar en totes ʃes exemples, De, et ʃur entendu : La rue S. Denis por la rue de S. Denis.

A, ʃert ʃovent por atres prepozisions, kome. Il et paʃe a Lion, a Rome. i. par, E inʃi, Il ne tiĕt point a moe. A grăd loezir : Item, A mŏ jujement, a ton ʃohet. i. ʃelon.

A, kelkefoe avek l'infini prezĕt, empor

---

bon homme.

A & De, ʃont ʃouuent ʃurentĕdus, cõme : Si Dieu plaiʃt pour, Si plaiʃt a Dieu Itĕ, La rue S. Denys la porte ʃainct Martin, leglife noʃtre Dame : Force eʃcus, force terres & reuenus Car en toutes ces exemples, De, eʃt ʃur entendu : La rue S. Denys pour la ruᵉ de S. Denys.

A, ʃert ʃouuĕt pou aultres præpoʃitions comme. Il eʃt paʃʃe : Lyon, a Rŏme. i. par Ainʃi, Il ne tiĕt poin a moy. A grand loy ʃir : Item, A mŏ iugement, a ton ʃouhaict i. ʃelon.

A, quelquefois aueᶜ linfiny preʃent empor

orte temps futur, ou ualite de quelque ebuoir, cõme: Choſe a aduenir, Beſonne a faire, *Res euentua, opus faciẽdũ* : Choſe dire, choſe à taire, *Res dicẽda, tacẽda.* De, ſans article ſert au ñõ de matiere, quanite, inſtrumẽt: Comne, Couronne dor, couppe dargent, eſꝑee de fer, vng peu deaue, de feu, vng voyrre deaue, battre de verges, iouer dinſtrumẽs: Nous diſons auſſi. Iouer de la harpe, de leſpinette, & ſẽblables femenins.

Au, ſert au datif, accuſatif, ablatif, Du, au genitif & ablatif, Les ruiſeaulx ſe rendẽt au fleuue, Ils cou-

portę tan futur, τ кalite dę кelкę dęvoer, комę : Çozę a avęnir, Bęzonę a férę, Res euentura, opus faciendum: Çozę a dirę, çoſę a terę, Res dicẽda, tacenda. *Dę, ſans artiкlę ſert ω nom dę matierę, кantite, inſtrumént: Komę, Koronę d'or, кʊpę d'arjént, epeę dę fer, un pȩ d'çav, dę fę, un voerrę d'çav, batrę dę verjęs, jʊer d'inſtruméns: Nʊs dizons aʊſi. Jʊer dę la harpę, dę l'epinetę, e ſẽblablęs fęmęnins.*

Aʊ, ſert ω datif, aкʊzatif, ablatif, Du, ω jénitif e ablatif. Les ruſçavs ſę rendęt ω flevę, Ils

κɔlᵉt ɑ flevᵉ. Dor-
mir ɑ lit. La natu-
rᵉ du ᴄᵉval, Lᵉ ſᵉl,
Du harᵉn. Jᵉ viᵉn
du pont.

ɑs ᵉ Dᵉs, ſer-
vᵉt ɑ pluriᵉr dᵉ κᵉl-
kᵉ jᵉnrᵉ κi ſoᵉt.

ɑs, ɑ datif, a-
κuzatif, ablatif:
Dᵉs ɑ jᵉnitif ᵉ abla
tif. Dones ɑs omᵉs,
ᵉ ɑs famᵉs. La ver-
tu apartiᵉnt ɑs o-
mᵉs, ɑs famᵉs. Il ᵉt
ɑs boᵉs, ɑs arᵉnᵉs,
L'ᵉr dᵉs ᴄams. La
vᵉrtu dᵉs omᵉs, dᵉs
famᵉs. Jᵉ viᵉns dᵉs
ᴄams.

Dᵉ, Du, Dᵉs, ſi-
ɳifiᵉt κᵉlκᵉfoᵉ part
ɔ ᵉſpᵉſᵉ, κomᵉ Boᵉrᵉ
dᵉ l'ᵉɑ. Il i a du
vin. Dᵉrober dᵉ l'ar
jᵉt: Il i a dᵉ l'anᵉ. Il

lent au fleuue. Dor-
mir au lict. La natur
du cheual, Le ſel
Du haren. Ie vien
du pont.

Aulx & Des, ſer
uent au plurier de q̃
que genre qui ſoit.

Aulx, au datif, ac
cuſatif, ablatif: De
au genitif & ablati
Donnes aulx hõme
& aulx femmes. L
vertu appartiẽt aul
hõmes, aulx femme
Il eſt aulx bois, aux
reſnes, Laer des chã
La vertu des hom
mes, des femmes.
viens des champs.

De, Du, Des,
gnifient quelquefo
part ou eſpece, cõm
boire de leaue. Il y
du vin. Deſrobber c
largẽt: Il y a de laſn

i a

l y a du fer, Ceſt du
in. Il y a des poiſſõs
la riuiere. Il y a des
eſtes a la foreſt,
Quiddã, Quidã, Quæ-
am. Ie mãge du mou
on, q̃ vous aues tue.
Ceſt a dire de ce
noutõ: En quoy, De
& Du different ſelon
e gẽre. Car nous di-
ons, Apporte du feu
& de leaue, & nõ pas,
Apporte du feu & du
leaue. Les ſurnõs des
Frãcoys (principalle-
mẽt nobles) ſont preſ
ques exprimes par,
De, Du, Des. Iehã de
la Fõtaine, Pierre du
Mont. Iacques des
Põs, Qui ſont en La-
tin, *Fontanus*, *Monta-*
nus, *Pontanus*. Charles
de Vallois, Charles
de Bourbon, Qui eſt

i a du fer, S'et du
vin. Il i a des poe-
ſons a la riviere. Il i
a des betes a la fo-
re, Quiddã, Qui-
dam, Quædã. *Je*
manje du moton, ke
vos aves tue. S'et a
dire de ſe moto: En
koe, De *e'* Du *diferet*
ſelo le jenre. Kar nos
dizos, Aporte *du fu*
e de l'ea, e non pas,
Aporte *du fu e du*
l'ea. Les ſurnos des
Franſoes (prinſipa-
lement nobles) ſont
preſkes exprimes p̃,
De, Du, Des. *Jan de*
la Fonteine, Pierre
du Mont. Jake des
Pos, Ki ſont en La-
tin, Fotanus, Mo-
tanus, Pontanus.
Çarle de Valoe, Çar-
le de Brrbon, Ki et

N

*a dirę dę la raſę e᷑ fa
milę dęs ſęnęrs dę
Valoęs, e᷑ dę Bʊrbŏ.
Pareinſi tels ſurnŏs
ſinifięt ĸe᷑lĸęfoe᷑ la
naſion, ĸe᷑lĸęfoe᷑ la
familę.*

*Dę, Du, De᷑s, ſem-
blęt aʊĸunęfoe᷑ va-
ĸer, ĸomę la vilę dę
Romę, Lę flevę du
Ronę, le᷑s montanęs
de᷑s Alpęs.* i. Vrbs
Roma, Flumen
Rodanus, Mŏtes
Alpes. *J'e du ble e᷑
du vin:pʊr, J'e ble e᷑
vin: Item, Manjer
du pe᷑in, boe᷑rę du
vin. E᷑ ĸe᷑lĸęfoe᷑ nʊs
dizons aʊſi ſans ar-
tiĸlę. Jamęs nę mă-
jeras pe᷑in : ni bę-
vras vin : Nęant-
moin en ſe᷑s dęrnie-
ręs formulęs la di-
fe᷑-*

a dire de la race & fa
mille des ſeigneur
de Vallois & de Bou
bon. Parainſi tels ſur
noms ſignifiēt quel
quefois la natiŏ, quel
quefois la famille.

De, Du, Des, ſem
blēt aulcunefois vac
quer, cŏme, la ville d
Rŏme, Le fleuue d
Roſne, les mŏtaignē
des Alpes. *i. Urbs Ro
ma, Flumen Rodanus
Montes Alpes.* Iay du
bled & du vin : pour
Iay bled & vin : Item
Măger du pain, boir
du vin. Et quelque
fois nous diſons auſ
ſi ſans article. Iamai
ne mangeras pain:ny
beuuras vin : Neant-
moins en ces dernie-
res formulles la dif
fe-

erence eſt manife-
e. Car, Du, ſignifie
art ou eſpece, com-
ne De : & Ne, Ny,
yent generallemēt.

De, Du, Des, Entre,
orment le ſuperlatif
uec Plus, qui recoyt
lors larticle : cōme.
Le Lyon eſt le plus
hardy de la trouppe,
du trouppeau, des a-
nimaulx, entre les a-
nimaulx.

En, & Es, ont auſ-
ſi quelque affectiō au
nombre auec le ver-
be de repos : En au
ſingulier, Es au plu-
rier : cōme, Il ceſt re-
tire en Ægypte, Il
ceſt ſauue es deſerts
dArrabie. Item, Il eſt
en Ægypte, es de-
ſerts dArrabie.

En, toutefois, & nō

ferenſę et manife-
ſtę. Kar, Du, ſiŋifię
part ʋ eſpeſę, komę
Dę : e Nę, Ni, nięt
jeneralęment.

Dę, Du, Des, En-
trę, formęt lę ſuper-
latif avek Plus, ki
reſoet alors l'arti-
klę: komę. Lę Liõ et
lę plus hardi dę la
trʋpę, du trʋpęav, des
animavs, entrę les a-
nimavs.

En, e Es, ont avſi
kelkę afexion av nõ-
brę avek lę verbę dę
repos : En av ſingu-
lier, Es av plurier:
komę, Il ſet retire
en Ejiptę, Il ſet ſav-
ve es dęſers d'Ara-
bię. Item, Il et en
Ejiptę, es dęzers
d'Arabię.

En, tʋtęfoe, e nõ

pas Es, gɔverne
Nɔs,Vɔs,Nos,Vos,
Mes,tes,ses,Ki. En
lokal n'et gere de-
vant les propres nõs
des viles: Kar nɔs
dizõs bien, Il et en
çambre,en Franse,e
non pas gere en Pa-
ris: mes a Paris.

En,et aʃi pospoze
a Me, Te, Se, Nɔs,
Vɔs, e a tɔte tierse
persone, avek les
verbes de mɔvemẽt
lokal etãt konjoint
selemẽt a ler me-
me persone,kome.Je
m'en voe. Je m'en
revien, Je m'en re-
tɔrne, Tu t'en vas.
Jã s'en va, Nɔs nɔs
en alons:vɔs vɔs en
ales. Les ennemis
s'en vont:Alons nɔs
en, ales vɔs en, Il
s'en

pas Es, gouuer
Nous,Vo⁹, Nos,Vo
Mes,tes,ses,Qui. E
local nest guere d
uant les propres n
des villes: Car nou
disons bien, Il est e
chambre, en Franc
& non pas guere e
Paris:mais a Paris.

En,est aussi postp
se a Me,Te,Se,Nou
Vous, & a toute tie
ce personne,auec l
verbes de mouuem
local estãt conioin
feullemẽt a leur me
me personne, cõm
Ie men vay. Ie me
reuié,Ie men retou
ne,Tu ten vas. Ieha
sen va,Nous nous e
allons: vous vous e
alles. Les ennem
sen vont: Allõs nou
en, alles vous en,
se

n va.

En, eſt relatif quel-
uefois, tout ainſi q̃,
Il eſt fort malade, Il
n mourra. Il ma faict
ort, il ſen repentira.
e viens de Paris, en
enes vous ? Iay des
ommes, en voules
ous? Il y a grande di-
erſite dhommes en
e mõde : Il y en a de
aiges, mais il y en a
eaucoup plꝰ de fols.

En, ſert au geron-
dif, Pleurer en riant,
Parler en dormant.

En, a dauantaige
luſieurs facons de
arler, cõme. Ie pen-
e en moy meſme :
Tu péſes en toy meſ-
ne. Il penſe en ſoy
neſme : pour, *Apud
me, te, ſe.* Eſtre en poſ-
eſſiõ, pour, poſſeder.

ſen va.

*En, et relatif ĸel-
ĸefoe, tʊt einſi ĸe, I,
Il et fort malade, Il
en mʊrra. Il m'a fet
tort, il ſen repenti-
ra. Je viens de Pa-
ris, en venes vʊs? J'e
des pomes, en vʊles
vʊs? Il i a grãde di-
verſite d'omes en ſe
monde : Il i en a de
ſajes, mes il i en a
beaʊĸʊp plus de fos.*

*En, ſert aʊ jeron-
dif, Plerer en riãt,
Parler en dormant.*

*En, a davantaje
pluziers faſous de
parler, ĸome. Je pen-
ſe en moe meme : Tu
penſes en toe me-
me. Il penſe en ſoe
meme : pʊr, Apud
me, te, ſe. Etre en
poſeſiõ, pʊr, poſeder.*

Item par interroga
sion. En aves vrs a
moe? Sur, a avsi kelke
partikularite, ko-
me, Etre sur la me-
zõ, sur l'armee, sur
les finanses, pvr etre
surentendant de la
mezon, de l'armee,
des finanses. Apres,
avek le verbe sustã-
tif et mi pvr le ver-
be aktif, kome. Il et
apres pvr en savoer
des nvveles. Ki et a
dire. Il pvrsuit, il di
lijente: vtrefoe il et
omi, kome. Etãt re-
venu, etãt eime: set
a dire apres etre re-
venu, apres avoer ei-
me.

　Par et joint avek
De, pvr de la part:
kome, De par le
Roe.
　　　　Pvr,

Item par interrog:
tion. En aues vous
moy? Sur, a aussi qu
que particularite, c
me, Estre sur la ma
son, sur larmee, fi
les finaces, pour est
surentendant de
maison, de larmee
des finances. Apre
auec le verbe subst:
tif est mis pour le v
be actif, comme. Il e
aprespour en scauo
des nouuelles, Q
est a dire. Il poursui
il diligente:autrefo
il est omis, comm
Estant reuenu, estar
ayme: cest a dire
pres estre venu, apr
auoir ayme.

　Par est ioinct aue
ques De, pour de l
part, cóme de par l
Roy.
　　　　Pou

Pour auec l'infiny preſét emporte quel-que faculte au futur, ainſi que nous auons dict de, A, cóme, Il eſt pour eſtre grand per-ſonnaige : pour enri-chir ſa maiſon, pour arriuer ſe iourdhuy.

Toutefois les aul-tres præpoſitiós ſont indifferãmét de tout nombre & gére auec l'article ou ſans arti-cle.

Luy, eſt gouuerne de la præpoſition, de laquelle peult eſtre gouuerne Moy, Toy: comme, En luy, pour luy, ſur luy.

Qui, eſtãt gouuer-ne du verbe, recoit la præpoſition: comme, A qui parles tu? De qui? pour qui? ſur qui?

Pɤr avek l'infini pręzęt emportę kel-kę fakulte av futur: einſi kę nɤs avons dit dę, A, komę, Il et pɤr etrę grand per-ſonaję: pɤr enriçir ſa mezon, pɤr arri-ver ſę jɤrd'ui.

Tɤtefoe lęs avtręs prepozisiõs ſont in-diferãment de tɤt nõbrę e jenrę avek l'artiklę ɤ ſans arti-klę.

Lui, ęt gɤverne dę la prepozisión dę lakelę pet etrę gɤ-verne Moe, Toe: ko-mę, En lui, pɤr lui, ſur lui.

Ki, etant gɤver-ne du verbę, reſoet la prepoſitiõ: komę, A ki parlęs tu? Dę ki? pɤr ki? ſur ki?

N iiij

en ki?

Kę, et sans pre-
pozitiõ:kome, Voe-
la Jã, kę vus dęmã-
des: Kel,ręlatif ad-
met les prepozitiõs
numęrales sans ar-
tiklę, A kel, dę kel,
avkel,dukel, avskels,
deskels: en kel, es
kels: kand il et gø-
verne par lęs avtres
prepozisions, il ad-
met l'artiklę,komę,
Par lę kel, les kels,
sur lę kel,les kels.

Kelę, gardę son ar
tiklę apres tvtę pre-
pozision,k'il pet rę-
sęvoer: komę, A la-
kelę,dę lakelę,par la
kelę, Sur la kelę, en
la kelę. Avsi fet il
av plurier nomina-
tif, akuzatif, sans
pre-

en qui?

Que,est sans præ-
position:cóme,Voil
Iehã, que vous demã
des: Quel,relatif ad
met les præpositions
numerales sans arti-
cle, A quel, de quel,
au quel,du quel, aulx
quelles, des quelles:
en quel, es quelles:
quãd il est gouuernē
par les aultres præpo
sitions,il admet larti-
cle,cóme,Par lequel,
les quels, sur le quel,
les quelles.

Quelle,garde son
article apres toute
præpositiõ,quil peult
receuoir:cóme, A la-
quelle,de la quelle, p
la quelle, sur la quel-
le,en la quelle. Auffi
fait il au plurier nomi
natif, accusatif, sans
præ-

præpoſition,come.Ie
ⁿous enuoye des nou
uelles,leſquelles ſont
bónes, leſquelles vo⁹
ſures pour aggrea-
bles.

Quoy,eſt ſouuent
interrogatif auec præ
poſition : comme, A
quoy? de quoy? pour
quoy?ſur quoy?Quel-
quefois il eſt abſolut,
cóme: Il y a de quoy?
Quoy faiſant il eſ-
chappera.

Quãt au reſte des
præpoſitions, que les
poſſeſſifs, Mien,tien,
ſien, noſtre, voſtre,
peuuent receuoir,el-
lesentreiettenr larti-
clecóme, Par le mié,
pour le tien, Entre le
ſienMienne,tienne,
ſienie, ne reçoiuent
præpſition aucune

prepozition, kome.
Je vⁿs envoię des
nⁿvelęs, leskelęs sⁿt
bonęs, leskelęs vⁿs
ⁿres pⁿr agreablęs.

Koe,et sⁿvent in-
terrogatif avek pre
pozision : komę, A
koe? dę koe?pⁿr koe?
ſur koe? Kelkęfoe il
et abſolut,komę:Il i
a dę koe?Koe fęzant
il eçapęra.

Kant ⁿ reſtę des
prepozisions, kę les
poſeſifs, Mien, tien,
ſien, notrę, votrę,
pevęt reſęvoer, elęs
entrejetęt l'artiklę,
komę, Par lę mien,
pⁿr lę tien, Entrę lę
ſien. Mienę,tienę,
ſienę, nę reſoevęt
prepozision ⁿkunę

ſans artiκlę : κomę,
Dę la mięnę : A la
tięnę, a la ſięnę, ex-
eptes As, Dęs, κo-
mę : As mięnęs,
tięnęs. Dęs mięnęs,
tięnęs.

La prepozision
avęκ lę κa gǫverne
et prizę sǫvent pǫr
l'averbę dę κalite,
κombatrę en Er-
κules, prǫſeder dę
prudensę, vivrę a la
Franſoęzę, habilę a
l'Alęmandę : ǫ ǫǫs
entendes a la modę,
ǫ faſon.

Çapit. 13. dę la ſin-
taxę dęs κonjon-
xions.

D. Voęla unę ſin-
guliérę ſintaxę
dę nosprepozisions,
grandęment dife-
ręn-

ſans article : cóme, D
la mienne : A la tien-
ne, a la ſienne, exce-
ptes Aulx, Des, com-
me : Aulx miénes, tiẽ
nes. Des miennes, ti
ennes.

La præpoſition a-
uecques le cas gou-
uerne eſt prinſe ſou-
uét pour laduerbe d
qualite, Cõbattre e
Hercules, proceda
de prudence, viurea
la Francoyſe, habile
a Lalemãde: ou vos
entendes a la mole
ou facon.

Chapit. 13. de la ſn-
taxe des conioi-
ctions.

D. Voyla vne ſin-
guliere ſyrtaxe
de nos præpoſions,
grandement dfferẽ
te

te des præpositions
Grecquès & Latines,
pour perpetuel argu-
ment, que la langue
Francoyse prend son
essence de soy mes-
me. Sensuyt la synta-
xe de la conionction.
P. Vous dictes vray.
Elle est seullemét en
la conuenáce de lor-
dre : cóme nous auós
dict du Latin. Quel-
ques conióctiós sont
au meillieu des sen-
tences quelles con-
ioingnent.

La copulatiue, Et,
est mise deuant toute
lettre, comme Bœuf
& asne, lettre & epi-
stre. Frapper & blais-
ser.

Et, sert quelque-
fois a indignation &
despit, cóme : Et cer-

rente dés prepozi-
sions Grekes e Lati-
nes, por un perpe-
tuel argument, ke
la lange Fransoeze
prend son esense de
soe meme. S'ensuit
la sintaxe de la kon-
jonxion. P. Vos di-
tes vre. Ele et sele-
ment en la konve-
nanse de l'ordre : ko-
me nos avós dit du
Latin. Kelkes kon-
jonxiós sont a me-
le des sentenses
k'eles konjonet.

La kopulative, E,
et mize devant to-
te letre, kome Bef e
ane, letre e epitre.
Fraper e bleser.

E, sert kelkefoe
a indinasion e de-
pit, kome : E serte

de kele pasiense a
fete en repondant
a Antoene, de s'ab-
stenir de maledi-
sense?

   Ke, et de se liu:
Dont venes vrs, ke
vrs etes si fort kor-
rose? Il et jor o
nuit: Paies moe, av-
trement je vrs kite.
L'anee et sece, par-
koe les maladies ne
font a kreindre. Les
Çirurjiens avront la
voge portant ke les
vines ont adrese. Si-
sero et saje, avsi et il
elokăt, Il et avsi elo-
kant, Il dort, donk
il repoze, Il repoze
donk.

   Kelkes konjon-
xios font a komen-
sement des senten-
ses kojointes: kome,
       Si

tes de quelle patien-
ce a ce este en respon
dant à Anthoine, de
sabstenir de maledi-
cence?

   Que, est de ce lieu:
Dôt venes vous, que
vo⁹ estes si fort cour-
rouses? Il est iour ou
nuict: Payes moy, au-
trement ie vous quit-
te. Lannee est seiche,
parquoy les maladies
ne sont a craindre.
Les Chirurgiës aurôt
la vogue, pourtât que
les vignes ont adres-
se. Ciceron est saige,
aussi est il eloquât, Il
est aussi eloquant, Il
dort, doncques, Il re-
pose doncques.

   Quelques coniõ-
ctions sont au cõmé-
cement des sentéces
conioinctes: comme,
       Si

Si tu eſtudies,tu ſeras
ſcauant. Si tu me faſ-
ches, ie te faſcheray,
Combien que tu te
rompe la teſte, tu ne
ſcauras iamais rien.

Les figures des cõ-
ionctiõs Latines ſont
auſſi Francoyſe,

Polyſintheton,ceſt
quãd la conionction
eſt doublee.Leſte eſt
& chaut & ſec,Il neſt
ny froid ny humide,
Ou boy ou va ten.

Aſyntheton, ceſt
quãd la conionction
eſt oſtee,comme:Tu
veulx courrir, iouer,
ſaulter, danſer, folla-
trer. Tu es pauure,
neantmoins orguil-
leulx. Vueilles non
vueilles. Il y a quatre
iours , pour le plus
cinq.

Chap.

Si tu etudięs , tu ſę-
ras ſavant.Si tu mę
façęs , ię tę façęre ,
Kombien kę tu tę
rompęs la tętę,tu nę
ſavras jamés rien.

Lęs figuręs dęs
konjonxiõs Latinęs
ſont aſi Frãſoëzęs.

Poliſinteton,ſ'et
kãd la konjonxion
et dʋbleę. L'ete et e
çʋt e ſeᴋ , Il n'et ni
froed, ni umidę , ʋ
boeʋ va t'en.

Aſinteton,ſ'et
kãd la konjonxion
et otee , komę : Tu
vęs kʋrir , jʋer, ſa-
ter,danſer,folatrer.
Tu es pʋvrę , nęan-
moin orgiłe: Vęłęs
non vęłęs.Il i a ᴋa-
trę jʋrs , pʋr lę plus
ſinᴋ.

Çap.

Çapit. 14. des for-
męs dę l'orezon.

Chapitre 14. des for-
mes de loraison.

D.Il nę restę plus
a dirę kę des
formęs dę l'orezon.
P. Sę restę et avsi du
tvt semblablę av La-
tin, e a katrę prinsi-
palęs distinxiõs. Sv-
pir, Dęmipozę, Po-
zę, Periodę.

Svpir s'et unę di-
stinxion dę mot ki
pvrroet servir dv-
tvzęment a l'ante-
sedent e av konse-
kent; e sę markę ein-
si ꞁ Dęmipozę s'et
unę distinxion dę
sentensę imparfetę,
e sę markę par lę
point moien einsi·
Pozę, s'et unę distin
xiõ dę sentensę par-
fetę, jointę avek un
av-

D.Il ne reste plus a
dire que des for-
mes de loraison. P. Ce
reste est aussi du tout
semblable au Latin,
& a quatre principal-
les distinctions. Sous-
pir, Demipose, Pose,
Periode.

Souspir cest vne di-
stinction de mot qui
pourroit seruir dou-
teusement a lantece-
dęt & au cõsequent,
& se marque ainsi ꞁ
Demipose cest vne
distinction de senté-
ce imparfaicte, & se
marque par le poinct
moyen, ainsi · Pose,
cest vne distinction
de sentéce parfricte,
ioincte auec vng aul-
tre

re, & se marque par
e poinct hault, ainsi ·
Periode cest vne di-
stinction de sentence
du tout absolue, & se
marque par le point
bas ainsi. Quelques
nouueaulx Gram -
mairiens pour les
poincts moyen &
hault, ont introduict
vng demicercle &
deulx poincts ainsi,
, : qui nest pas grand
differend. Vous aues
toutes ses distinctiõs
en ceste exẽple. Aul-
cuns philosophes de
grãde authorite, se-
parẽt par pẽsee seue-
remẽt & vertueuse-
mẽt ces trois especes
estans en elles vnies
& confuses. Car ils e-
stiment estre prouffi-
table tout ce · qui est

avtrę, e sę marqę par
lę point havt, einsi ·
Periodę s'et unę di-
stinxion dę sentẽ-
sę du tvt absoluę, e
sę marqę par lę poĩt
bas, einsi. Kelkęs
nvvęavs Gramme-
riens pvr les poins
moien e havt, ont in-
troduit un demiser-
klę e des poins, ein-
si,: ki n'et pas grãd
diferent. Vvs aves
tvtęs sés distinxi-
ons en sęt exem-
plę. Avkuns filo-
zofęs dę grandę a-
torite ı separęt par
pensęę severęment e
vertuezęment sęs
troés espesęs etans
en elęs unięs e kon-
fuzęs. Kar ils esti-
męt etrę profitablę
tvt sę · ki et justę·

Ǎsi jujęt ilz̧ ętrę
jusṭę tɤt sę . ki et o-
nétę · Dŏt il fɑt kŏ-
klurrę·kę tɤt sę·ki et
onétę· kę sẹla mémę
soet utilę. Sę font
les distinxiõs vreęs
e ansienęs , tant des
Grex kę des Latins,
kombien k'elęs soet
fort mal observeęs.
Nɤs avons davan-
taję les partikulie-
ręs distinxions en
interrogasion, ein-
si ? komę.K'et sę la
ɑtrę çozę , k'abolir
dę la vię la kompa-
ńię des vivans ?

En admirasion,
einsi ! O temerite
inkroiablę!
En union, einsi,
pasę volant.
En parentezę,
s'et

iuste· Auſſi iugent i
eſtre iuſte tout ce·qu
eſt honneſte· Dont
fault conclurre · qu
tout ce · qui eſt hon
neſte · que cela me
me ſoit vtile.Ce ſon
les diſtinctiõs vraye
& anciennes , tãt de
Grecs q̃ des Latin
combiẽ quelles ſoyẽ
fort mal obſeruee
Nous auons dauãta
ge les particulieres
ſtinctions en interr
gation,ainſi?comm
q ueſt cela aultre.ch
ſe, quabolir de la v
la compagnie des v
uans ?

En admiration,ai
ſi ! O temerite i
croyable!
En vnion, ainſi,
Paſſe volant.
En parentheſe
ce

ſt a dire interpoſi-
on ainſi par deulx
emicercles ( ) com-
e, Ie vey (car tu eſ-
is abſent) que nos
nis deſiroyent la
ierre . Or iuſques
y ie vous ay declai-
: les Rudimens de
oſtre langue Fran-
oyſe, leſquels (com-
e ieſpere) ſeront a-
nendes petit a petit,
ccreus & augmen-
es par leſtude & di-
gence des bons &
cauans eſprits Fran-
oys, qui ſadonnerót
le plus en plus a aor-
ner & embellir leur
patrie, non ſeullemét
par tels enſeigne -
nents, mais par no-
ables exemples &
vray vſaige , lequel
vous ſera propoſe be-

ſet a dirę interpo-
zizion, einſi par des
demiſerkleſ ( ) ko-
mę, Ję vi (kar tu é-
toés abſent) kę nos
amis deſiroęt la ver
rę . Or juſkęs iſi ję
vus e deklare leſ
Rudimens dę no-
trę langę Franſoe-
zę , leſkelz (komę
j'eſperę) ſęront a-
mendes pętit a pę-
tit, akrus e ogmen-
tes par l'etudę e di-
lijęnſę des bons e
ſavans eſpris Fran-
ſoes, ki ſadonęront
dę plus en plus a or-
ner e embelir ler
patrię, nŏ ſelęment
par telz enſenę-
menſ, mes par no-
tablęſ exemplęſ e
vre uzaję, lękel vus
ſęra propoze bęa-

O

κɤp plus pɤr bien parler e κɤçer par eκrit, κę tɤtęs lęs reglęs dę Grammerę κę l'on pɤrroet inventer. D. Ję prię Diu (mõ treçer preſepter) κ'il m'en faſę la graſę, Ję mę ſen oblije a james envers vɤs, d'unę tant amiablę e liberalę inſtruxiõ: Voerę j'eſperę bien dę ſętę memę liberalite unę larjeſę bęaκɤp plus amplę: S'et κę la Grammerę ſęra lę premier dęs ars liberaus par vɤs done a notrę Franſę, mes κ'ęlę nę ſęra point lon tan ſeletę, κ'ęlę n'atirę apres ſoe ſes ɑvtręs κɤmpanęs. P. Diu vɤs

aucoup plus pour ł parler & coucher p eſcrit, que toutes ł reigles de Gramm re que lon pourrc inuenter. D. Ie pi Dieu (mon treſch præcepteur)quilmc face la grace, Ie n ſens oblige a iama enuers vous, dui tant amiable & l beralle inſtruction Voyre ieſpere bic de ceſte meſme lib ralite vne largeſſe b aucoup plus ampl Ceſt que la Grãma re ſera le premier de ars liberaux par vou donne a noſtre Frar ce, mais quelle ne ſ ra point long temp ſeullette,quelle natt re apres ſoy ſes auł tres compaignes. ł Die

Dieu vous face iouir une telle eſperance.	vos faſę jvir d'unę telę eſperanſę.

FIN.　　　　　　　　*FIN.*

Liſes ainſi.

Page	Ligne	
39	13.	en ei,
63	24.	fain,
67	23.	lę, av,
77	5.	Amauiſſem,
		Amaueram,
100	13.	komę.v.t,
127	23.	Çarlę Roe,
128	17.	ſeint,
146	8.	ręlatifƷ.

Corriges les e.e.ę, ou vous cognoiſtres
lung mis pour laultre.

O ij